Janes/Steccanella – Französische Schäferhunde

Picard, Kopfstudie

Hunderassen
Urs Ochsenbein

Christian Janes / Angelo Steccanella

Französische Schäferhunde

Ursprung · Aufzucht · Erziehung · Pflege

Müller Rüschlikon

Umschlaggestaltung: IMAGO, CH-6302 Zug

ISBN 3-275-01258-4

1. Auflage 1998

Herstellung: Hermann Lambrecht
Satz & Lithos:
DTP-Studio Wengerek, CH-6312 Steinhausen
Druck und Bindung:
Proost N. V., B-2300 Turnhout

Printed in Belgium

Inhalt

Einführung

Französische Schäferhunde, so verschieden sie auch aussehen mögen, haben eines gemeinsam: Ihre Vorfahren überlebten nur, wenn sie dem Schäfer eine brauchbare Hilfe waren. Ängstliche, übermäßig aggressive oder arbeitsunwillige Hunde wurden getötet, weil sie ohne Nutzen waren und für die Schafe sogar gefährlich sein konnten. Diese harte, über Jahrhunderte betriebene Zuchtauswahl hat trotz allen äußerlichen Unterschiedlichkeiten einen charakterlich einheitlichen Hundetyp geschaffen. Unter der Voraussetzung einer hundegerechten Haltung sind die französischen Schäferhunde gegenüber ihren Besitzern freundlich und friedfertig, trotz ihres oftmals ungestümen Temperaments erstaunlich sanft und gutmütig. Es sind Hunde, die für die Arbeit gezüchtet wurden und daher beschäftigt sein wollen.

Dieses Buch ist – auch oder gerade wegen der kritischen Bemerkungen zu Irrwegen in der Zucht – eine Liebeserklärung an die vier französischen Schäferhunderassen. Lieben und wertschätzen kann man nur etwas, das man kennt, und deshalb werden Herkunft und Ursprung des Beaucerons, Briards, Picards und Pyrénées dargestellt. Denn nur wer weiß, wie und wozu diese Rassen geschaffen wurden, kann diese noch bodenständigen Hunde verstehen und ihnen gerecht werden.

Die Hundehaltung und Zucht ist in unseren dicht besiedelten Ländern mit immer größer werdender Kritik konfrontiert. Einerseits haben sich viele Menschen von der Natur derart entfremdet, daß sie die Tiere entweder völlig vermenschlichen oder deren Haltung ablehnend gegenüberstehen. Andererseits haben sich aber auch viele Hundefreunde am Tier versündigt, indem Hunde mit noch skurrileren Formen, noch «schönere» Hunde gezüchtet und gehalten wurden.

Dieses Buch ist den Freunden der französischen Schäferhunde gewidmet. Es konnte nur durch die Mithilfe vieler entstehen. Zu besonderem Dank sind wir Dr. med. vet. Heinrich Binder, PD Dr. med. vet. Susi Arnold (beide Uni ZH) und Phyllis Poduschka-Aigner verpflichtet, die uns, nebst der Korrekturlesung, wertvolle Hinweise und Ergänzungen gegeben haben.

Ursprung der französischen Schäferhunde

Geschichte und Herkunft

Schon vor mehr als 2300 Jahren erwähnte Aristoteles in seiner »*Historia animalium*» sieben verschiedene Hundetypen, darunter solche zur Arbeit an der Schafherde. Drei Jahrhunderte später berichtete M. T. Barro über den Hirtenhund, er sei im allgemeinen der Wächter des Viehs, der Verteidiger der Wehrlosen und besonders der Schafe und Ziegen.
In der Mitte des ersten Jahrhunderts n. Chr. verfaßte Columella ein Werk über die Landwirt-

Beauceron und Briard anfangs des 20. Jahrhunderts

Arbeitshunde (Sédir, 1926)

schaft, worin er den Hunden ein eigenes Kapitel widmete und die Jagdhunde, Hirtenhunde und Haushunde beschrieb. Seither haben zahlreiche Schriftsteller und Chronisten die Wertschätzung und Bedeutung der Schäfer- und Hirtenhunde mehr oder weniger ausführlich hervorgehoben. Im 10. Jahrhundert nach Chr. wurden die Ackerbau-, Forst- und Jagdgesetze der alten deutschen Völkerstämme unter dem Titel «*Geoponica*» zusammengestellt; für die Tötung oder die Entwendung eines Hundes waren nach Rasse und Verwendung Geldstrafen festgesetzt. Die Tötung eines Hirtenhundes kostete nach alemannischem Gesetz dreimal so viel wie die eines Haus- oder Hofhundes.
Die Geschichte der französischen Schäferhunde läßt sich einige Jahrhunderte zurückverfolgen. Sie ist durch alte Schriftstücke, Darstellungen und Bilder dokumentiert. Die Liebhaber der verschiedenen Rassen haben in zahlreichen Veröffentlichungen – oft mit zweifelhaften Beweisen – versucht, «ihre» Rasse als die älteste darzustellen. Tatsächlich läßt sich das Alter der einzelnen Rassen aber nicht mehr genau nachweisen, und man kann davon ausgehen, daß zumindest die Rassen Beauceron, Briard und Berger Picard gleichen Ursprungs sind.
Die Stadt Lille besitzt ein Dokument aus dem 16. Jahrhundert, das belegt, daß die vom Domkapitel Saint-Pierre abhängigen Hospiz-Schäfer zehn Pfund erhielten, um sich Hunde aus der Picardie zu beschaffen, die – wie gesagt wird – die besten sind, die es gibt.
1758 schrieb Georges-Louis Leclerc, Comte de Buffon (1707–1788), in seinem 36bändigen Werk «*Histoire Naturelle, Générale et Particulière*» in Band 17 über die Hirtenhunde und veröffentlichte das Bild eines *Chien de Berger.*
«Schäferhunde: Die Größe dieser Hunde ist geringer als die der Matins, der großen Windhunde und der großen Doggen. Sie ähneln in Kopf und Schnauze stark den Matins. Die Schäferhunde haben kurze und gerade Ohren. Eine waagerecht getragene oder nach oben gebogene und manchmal hängende Rute. Das Haar ist auf dem ganzen Körper lang mit Ausnahme der Schnauze, der Außenseite der Beine und den Pfoten. Schwarz ist die vorherrschende Farbe dieser Hunde. Der abgebildete Hund ist grau an der Kehle und an der Unterseite von Brust und Bauch. Die Gliedmaßen und die Rute sind mehr fauve als schwarz. Er hat zwei fauve Flecken über den Augen und einen Anflug der gleichen Farbe an der Schnauze. Man nennt Hunde dieser Rasse *Chiens de Berger,* denn man gebraucht sie zum Bewachen der Herden.»
Vergleicht man die Beschreibung mit dem veröffentlichten Bild, fällt auf, daß das als lang beschriebene Fell höchstens die Haarlänge der

Schäferhund (Buffon, 1758)

heutigen Picards hat. Das ist ein treffendes Beispiel für die vielen falschen Interpretationen alter Quellen. Ein Fell, das vor über 200 Jahren als lang beschrieben wurde, muß diesem Begriff in heutigem Sinne nicht mehr unbedingt entsprechen. Das gleiche gilt in noch größerem Ausmaß für Namen und Bezeichnungen.

Alte Quellen über die Schäfer- und Hirtenhunde müssen kritisch gelesen werden. Um sie als Belege für die einzelnen Rassen heranziehen zu können, reicht es nicht aus, darin den heute gebräuchlichen Rassenamen zu finden, sondern die Beschreibungen und Illustrationen müssen nach Ähnlichkeiten und Unterschieden zu den modernen Rassen untersucht werden.

Außerhalb Frankreichs wurde erstmals Ende des 18. Jahrhunderts ausdrücklich über die französischen Schäferhunde berichtet, und zwar von Thomas Jefferson, dem dritten Präsidenten der USA. Er besaß einige Schafherden und brachte von einem Frankreichaufenthalt im Jahre 1789 die ersten Schäferhunde aus Frankreich mit. Aus der Zeit von 1789 bis 1826 ist der Schriftverkehr von T. Jefferson erhalten, und es wird öfters von den Schäferhunden aus Frankreich berichtet und angeblich zweimal auch der Name *Chien de Brie* verwendet.

Die Schäferhunde dieser Epoche waren wirkliche Arbeitshunde und mußten den hohen Anforderungen eines Hirtenhundes in bezug auf Gesundheit, Intelligenz, Widerstandsfähigkeit, Selbständigkeit und Ausdauer entsprechen. Je nach Umweltverhältnissen (Witterung, Gelände, Haltung, Arbeitsweise etc.) bildeten sich geeignete Hundetypen heraus. Diese Lokalschläge wurden später mehr oder weniger bewußt weitergezüchtet und führten schließlich zur Bil-

Schäferhunde, nach der Natur auf Stein gezeichnet (Simmler, 1838)

dung der unterschiedlichen Rassen. Die damalige Bedeutung der Schäferhunde läßt sich daran ermessen, daß beispielsweise im Jahre 1862 in Frankreich 220 000 Schäfer statistisch erfaßt waren, 20 Jahre später übten nur mehr 83 000 Personen diesen anstrengenden Beruf aus. Bedenkt man, daß jeder Schäfer zumindest zwei Hunde besaß (Schäfer mit großen Herden hatten oft sechs bis acht Hunde), so waren in Frankreich annähernd 450 000 an der Herde arbeitende Hunde im Einsatz. Bei einer durchschnittlichen Lebenserwartung bzw. Arbeitsleistung von acht Jahren mußten jährlich etwa 56 000 alte Schäferhunde durch junge Tiere ersetzt werden!

Schäfer mit Hund (Daubenton, 1770)

Kleiner Schäferhund (Gayot, 1867)

Die auf alten Abbildungen von Daubenton (1770), Buffon (1785) und Delorme (1786) dargestellten Hunde können mit gebotener Vorsicht als Urformen der französischen Schäferhunde angesehen werden; sie haben noch am ehesten Ähnlichkeit mit einem heutigen Berger Picard.

1863 fand in Paris die erste Hundeausstellung Frankreichs statt, und es wurden 13 *chiens de berger français* (französische Schäferhunde) ausgestellt, von denen elf als typische Hunde der Beauce bezeichnet und folgendermaßen beschrieben wurden:

«Die Varietät, die die größte Anzahl an Hunden stellte, waren die großen Hunde mit den aufrecht stehenden Ohren, schwarz und rot gefärbt, mit dem Körperbau eines Wolfes, welchen sie auch zu bekämpfen haben.»

Die Briard-Hündin «Charmante», ausgezeichnet mit einem Ehrenpreis, wurde wie folgt beschrieben:

«Ein einziger Hund war von der eigenartigen Art des Schäferhundes, welcher halblanges Haar am Kopf hat, das an den Schultern wollig wird und auf dem Rücken und über der Kruppe Locken und Wirbel bildet, von brauner Farbe.»

Initiale aus altem Hundebuch, um 1920

1867 schrieb Eugène Gayot in seinem Werk *«Le chien – Histoire Naturelle»* über den *chien de berger (petit race)* und dokumentiert damit erstmals die Verwendung eines kleinen Schäferhundes in Frankreich. Ab diesem Zeitpunkt wurden die französischen Schäferhunde von namhaften Kynologen ziemlich oft und ausführlich dargestellt.
Eine detaillierte Beschreibung des *Chien de Berger* und *Chien de Brie* gab 1876 der österreichische Kynologe Dr. Fitzinger in seinem Buch *«Der Hund und seine Racen»*.
1896 lud Pierre Mégnin die interessierten Hundehalter und Züchter zu einer Versammlung in die Markthalle der Villette ein, wo von einer eigens dafür zusammengesetzten Kommission eine genaue Charakterisierung der beiden Rassen des französischen Schäferhundes vorgenommen wurde.
Man entschloß sich, den kurzhaarigen französischen Schäferhund *Berger de Beauce (Beauceron)* zu nennen. Als *Berger de Brie* wurden die langhaarigen Hunde benannt, die auch langes Haar im Gesicht hatten. Diese Benennung erfolgte lediglich, um die beiden Schläge auseinanderzuhalten, aber keineswegs, um die Herkunft des Hundes zu bezeichnen. Im gleichen Jahr wurde von Emmanuel Boulet der «Club Français du Chien de Berger» gegründet, der sich in erster Linie um Beauceron und Briard kümmerte.
Noch im Gründungsjahr veranstaltete der Club die erste Hütehundeprüfung in Chartres. 1906 schrieb F. Masson in *«La chasse illustrée et la Vie rurale et sportive»* einen Artikel gegen die Trennung der Rassen Briard und Beauceron:
«Es wäre gescheiter gewesen, bei einer einzigen Rasse zu bleiben und höchstens eine kurz- und eine langhaarige Varietät ein- und derselben Rasse anzuerkennen. Die Trennung in zwei Rassen ist unnötig. Wichtiger als Ausstellungen sind Gebrauchsprüfungen, um die Gebrauchstüchtigkeit der Rassen zu erhalten. Es ist bedauerlich, wenn eine Rasse, die dazu bestimmt ist, die Herden zu hüten, Schafe zu treiben und das Gehöft der Bauern zu bewachen, zum Wächter von Villen und Schlössern degradiert wird.
Die fortgeschrittene Degeneration ist an der Pariser Ausstellung schon offensichtlich geworden. Mit ihrem fülligen Haarkleid sind die Hunde kaum mehr fähig, ihren Dienst bei der Herde zu versehen, während die Beaucerons, die noch nicht in Mode gekommen sind, noch recht ursprünglich geblieben sind. Noch ist es Zeit, begangene Fehler wieder gut zu machen und den Schäferhund zu erhalten, wie er ursprünglich war.»

Berger de Beauce (Beauceron)

Geschichte und Herkunft

Wie bei den meisten heute bekannten Hunderassen liegt auch die Herkunft des Beauceron im dunkeln. Die Reinzucht dieses französischen Schäferhundes erfolgte im Jahre 1896, doch sind sich die Kynologen einig, daß der *Bas Rouge* («Rotstrumpf», wie der Beauceron auch genannt wird) zu den alten französischen Schäferhunderassen gehört.

1863 wurde im «Jardin d'Acclimatation» in Paris die erste französische Hundeausstellung durchgeführt. Dort konnte man 13 französische Schäferhunde sehen, von denen elf als typische Hunde der Beauce bezeichnet wurden. Bei diesem Schäferhund mit aufrecht stehenden Ohren und schwarzgelbem Fell handelte es sich bestimmt um die Vorfahren unserer heutigen Beaucerons, doch hatten sie noch ein halblanges Fell, sogenanntes Langstockhaar. Da für die Hirten nur die Gebrauchstüchtigkeit der Hunde zählte, ist es wohl eher Zufall, daß diese Hunde bereits die Black and Tan-Färbung der modernen Beaucerons aufwiesen, wenn auch noch mit eher gelblichem statt rotem Brand. Neben dem heute bekannten Schwarz mit Feuerrot wurden aber noch viele andere Farbschläge gezüchtet.

So gewann an einer folgenden Ausstellung, in Paris (1884), der graue Beauceronrüde «Moustache«, der zudem noch einen weißen Brustfleck hatte, die Goldmedaille des Landwirtschaftsministeriums – und dies mit einer Widerristhöhe von nur 57 cm. Gegen Ende des 19. Jahrhunderts begann die züchterische Ver-

Beauceron «Brissac» (Bylandt, 1904)

edelung dieser noch recht urtümlichen Schäferhunderasse, indem verschiedene andere Rassen eingekreuzt wurden, unter anderem Dobermannpinscher. Der Erfolg war unterschiedlich, und einige dieser «Veredelungskreuzungen» haben sich in der Folge als Irrwege erwiesen, die dann von den Züchtern mit großem Aufwand korrigiert werden mußten. Im Jahr 1889 beschrieb Pierre Mégnin erstmals ausführlich den Beauceron:

«Der *Chien de Beauce:* Unser alter Schäferhund hat ein wildes Aussehen und rauhes Gehabe, aber wenn man ihn genauer betrachtet, entdeckt man an ihm sowohl Schlankheit als auch Eleganz. Er ist von mittlerer Größe und gut proportioniert. Sein Kopf ist nicht zu groß, eher ein

Beauceron, Hündin und Rüde («Journal d'agriculture pratique», 1907)

wenig gestreckt, mit schmalem Fang, aber mit hoher und breiter Stirn, ein Zeichen von Intelligenz. Die Augen sind klein, rot oder gelblich mit lebendigem Blick. Die Ohren sind aufrecht und kurz, die Gliedmaßen und Pfoten stark. Der Körper ist mit hartem Haar bedeckt, die Farbe ist schwarz oder an der Oberseite graubraun gemischt. An der Unterseite und den Läufen oft gelblich und manchmal etwas weiß an den Fesseln. Die Rute ist buschig, herabhängend mit aufgebogener Spitze. (...) Sprichwörtlich sind die Intelligenz, das Temperament und er ist ebenso genügsam wie arbeitsam. Seine Hüteeigenschaften sind ihm angeboren und in der Tat eine Folge der Vererbung, wie alle Eigenschaften.»

Als Maße für einen schönen Hund nennt Mégnin u. a.: Widerristhöhe 60 cm, Länge von der Nasenspitze bis zum Rutenansatz 100 cm, Rutenlänge 43 cm, Kopflänge 24 cm, Ohrlänge 8 cm. 1895 veröffentlichte E. Boulet ebenfalls die Maße einiger Beaucerons. Auffallend sind die niedrigen Widerristhöhen (Rüden 60–64 cm, Hündinnen 53–55 cm), die Höchstmaße lagen unter den heute gültigen Mindestmaßen und dem entsprechend waren die Hunde auch leichter (Rüden 27–31 kg, Hündinnen 20–22 kg). Dies zeigt eindrücklich den Wandel des Erscheinungsbildes in den letzten 100 Jahren.

Bemerkenswert ist, daß bis dahin die doppelten Afterkrallen, die heute vom Standard als untrügliches Zeichen der Rassereinheit gefordert werden, mit keiner Silbe erwähnt werden.

Erstmals in der deutschsprachigen Literatur beschreibt Ludwig Beckmann 1895 in seinem Buch «Geschichte und Beschreibung der Rassen des

Hundes» den Beauceron. Fast wortwörtlich schreibt er bei Mégnin ab und weiß als einziger Autor zu berichten, daß der Beauceron «in einigen Departements zu Saujagden verwendet wird».
Im Jahre 1896 wurde eine Kommission aus Züchtern und Vertretern des Landwirtschaftsministeriums gebildet. Sie hatte sich die Aufgabe gestellt, die beiden Varietäten des französischen Schäferhundes genauer zu beschreiben, und erstellte den ersten Standard.

«*Race de Beauce:*
Allgemeine Erscheinung: Hund von gutem Wuchs, sehr stark und mächtig, guter Knochenbau und gut bemuskelt, doppelte Afterkrallen an beiden Hinterläufen.
Größe: Schulterhöhe 60 cm – 70 cm.
Kopf: lang, Stirn flach, Stirnabsatz wenig ausgeprägt, Fang gestreckt, Nase immer schwarz.
Zähne: stark, weiß, richtig schließend.
Brust: tief und breit, gut herabgezogen.

Beauceron «Voltigeur» (Bylandt, 1904)

Rücken: gerade, Kruppe wenig abfallend.
Gliedmaßen: gut bemuskelt, von starkem Knochenbau, gut gestellt.
Pfoten: stark, Krallen schwarz, Ballen hart.
Rute: lang, an der Spitze einen Haken bildend, vorzugsweise tief getragen.
Ohren: kurz, wenn sie naturbelassen sind nicht hängend, wenn sie kupiert sind, gerade aufrecht stehend.
Haar: sehr kurz am Kopf, kurz, dicht, hart, glatt auf dem Körper, Keulen und Rute sehr leicht befranst.
Farbe: schwarz, schwarz mit Brand *(bas rouge)*, fauve, fauve charbonbiert, grau, grau mit schwarzen Flecken. Für die Arbeit sind dunklere Hunde vorzuziehen.
Fehler, ziehen ausgeprägt die Disqualifikation nach sich:
1. langes Haar am Kopf
2. Fehlen der doppelten Afterkrallen
3. kupierte Rute
4. helle Nase
5. struppiges Haar
6. verschiedenfarbige Augen, ausgenommen Harlekin.»

In diesen Jahren versuchte eine Züchtergruppe den Beauceron, ohne Rücksicht auf den ursprünglichen Verwendungszweck, weiter zu «veredeln«. Die Widerristhöhe sollte angehoben werden und vor allem sollte das Erscheinungsbild eleganter werden. Dagegen wehrten sich die Schäfer, die ihre Hunde noch immer zum Bewachen der Herden verwendeten. Sie verlangten gebrauchstüchtige Hunde mit kurzem, dichtem Fell und einer mittleren Größe (max. 66/67 cm für Rüden und 64/65 cm für Hündinnen), da sich erfahrungsgemäß solche Hunde für die Arbeit mit den Schafherden am besten eigneten. Der 1897 aufgestellte Standard galt weiterhin unverändert, denn auch in Frankreich

Chien de Beauce (Dechambre, 1921)

wurde die neue Zuchtrichtung zum Teil recht kritisch betrachtet. In der damals in Züchterkreisen vielbeachteten Zeitschrift «*Vie à la Campagne*» erschien am 15. Juni 1922 ein kritischer Artikel von Archille Malric, der über den Beauceron sagt: «Der heutige Typ datiert von 1890, er stammt ehemals von unserm Beauceron von 1809 ab und wie die meisten ausländischen Rassen entstand er durch Kreuzung. Der ursprüngliche Typ hatte ausgezeichnete Eigenschaften, er wurde zur Führung von Tieren verwendet, war kleiner als der jetzige Typ, aber untersetzt, mit einem ausdrucksvollen, intelligenten Kopf. Da punkto Form keinerlei Selektion gemacht wurde, bot er keinen homogenen Anblick, das Fell war rauh, halblang, dicht verflochten, oft wurde der Schwanz kupiert, manchmal wurde der Hund schwanzlos geboren. In seinem Haarkleid waren alle Farben vertreten. Weit verbreitet war der schwarze Mantel mit eher hellen Extremitäten, dann kam Aschgrau mit zweifarbigen Augen und schließlich Wolfsrot vor.» Zu diesem Zeitpunkt waren beim Beauceron noch viele Farbschläge anerkannt, unter andern: Fauve, Fauve mit Charbonnage, Grau, Grau mit schwarzen Platten, Grau mit fauvefarbenen Platten und schließlich noch Rot. Zum aktuellen Zuchtgeschehen schreibt Malric weiter: «Für die Arbeit wird die dunkelste Farbe vorgezogen. Im Endeffekt ist das schwarz mit feuerrot. Das ist sehr schade für die Weiterentwicklung der Rasse, da viele Hunde mit unakzeptablem Körperbau und fehlerhaftem Gangwerk in der Zucht eingesetzt werden, nur weil sie die erwünschte Farbe zeigen. Für viele Leute ist die Farbe heilig und das wichtigste Zuchtkriterium, das alle andern Qualitäten aufwiegt. (...) Ein Arbeitshund mit mittlerer Schulterhöhe ist vorzuziehen, da die großen Hunde oftmals weich und phlegmatisch sind.»

Die von einigen Züchtern angestrebten, großen Renommierhunde, die aber noch lange Zeit die Minderheit der gezüchteten Beauceron bildeten, veranlaßten 1923 den deutschen Rittmeister Stephanitz (Hauptförderer des deutschen Schäferhundes) wahrscheinlich zu seinen eher kritischen Bemerkungen zum Beauceron: «(...), die Höhe wird auf 60–70 cm angegeben. Als richtig, bei angedrücktem Haar genommene Schulterhöhe wäre das sehr reichlich. Entweder die Franzosen messen anders als wir, etwa Bandmaß statt Standmaß oder gar Ohrenhöhe. Oder, was mir wahrscheinlicher scheint, sie nehmen auch hierin den Mund etwas voll. Die zahlreichen Beauce-Hunde, die ich vorm Kriege auf schweizer und französischen Ausstellungen gesehen habe, die paar, die ich noch während des Krieges dort fand, übertrafen in ihren Maßen unsere deutschen Stockhaarigen in keiner Weise, blieben vielmehr, besonders in der Kraft der Knochen, gegenüber unserem Durchschnitt zurück. Ich würde sonach 60 cm Schulterhöhe als gute Durchschnittgröße für den Beauceron vom Landschlag ansehen. (...) Merkwürdigerweise werden die Ohren beim Schäferhund der Beauce stets verschnitten, obwohl sie sich in der Mehrzahl wohl auch ohne dieses Hilfsmittel zum Stehohr ausbilden würden, zumal wenn die Zucht etwas Wert darauf legen würde.»

1927 erschien das Büchlein von A. Siraudin «*Le Chien de Berger de Beauce*», das für Jahrzehnte die Beauceron-Zucht maßgebend beeinflußte. Auch Siraudin propagierte den alten Gebrauchstyp. 1936 wird in der Züchterzeitschrift «*Vie à la Campagne*» wieder ausführlich über den Beauceron und das Zuchtgeschehen berichtet. «Der jetzige Typ des *Beauceron bas rouge* ist vielleicht noch nicht so gefestigt, wie sich die Liebhaber das wünschen würden. Das liegt mehr im unterschiedlichen Züchter und den verschiedenen Zuchtrichtungen begründet, als in der Rasse selbst, weiters an einigen bedauerlichen Kreuzungen, namentlich in der Verwendung des Dobermanns.

In der Zucht des Beauceron gemäß heutigem Standard ist besonders auf drei Hauptpunkte zu achten: Kopf, Behaarung, Rute. (...) Erwünscht ist eine harte Behaarung (wie Roßhaar), damit die Hunde widerstandsfähig gegen die Unbilden der Witterung sind, so schwarz als möglich, gerade, weder zu kurz noch zu lang, höchstens 4 cm. (...) Seit 35 Jahren wurde festgestellt, daß die eher kleinen Rassevertreter die intelligentesten, mutigsten und ausdauerndsten Arbeitshunde waren. Große Hunde, die zum Schutz und zur Bewachung von Besitz und Hof gewünscht werden, sind für die landwirtschaftliche Arbeit nicht geeignet, die Besitzer wissen

Beauceronrüde «Fauchon» (Rasquin)

auch, daß ein zu großer und imposanter Hund nicht so zufriedenstellend arbeitet wie ein kleinerer.»

Leider verfiel die junge Züchtergeneration nach dem Kriege wieder dem alten Irrtum und versuchte, aus einem mittelgroßen Schäferhund, größere und schwere, optisch durchaus bestechende «Renommierhunde» zu machen. Deshalb wurden bei der Standardrevision 1955 und 1965 die Mindestmaße bei Rüden und Hündinnen schrittweise um insgesamt 5 cm angehoben. Die Maximalmaße blieben jedoch unverändert.

Gleichzeitig wurden alle anderen, bis auf die zwei heute noch anerkannten, Farbschläge aus dem Standard gestrichen.

Beschreibung / Standard

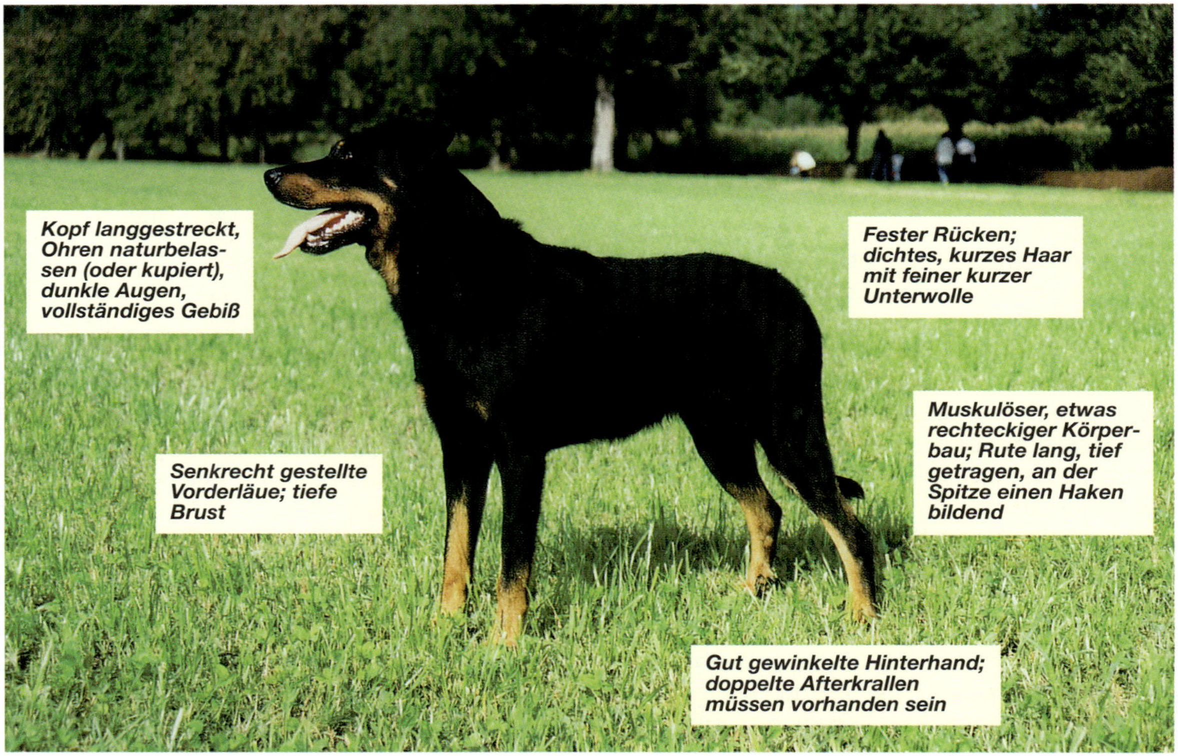

Derzeit gültiger, offizieller Standard der F.C.I. in deutscher Sprache, Stand Oktober 1997

Fédération Cynologique Internationale
Standard Nr. 44 / 23. November 1981 / D

BERGER DE BEAUCE (BEAUCERON)
Französische Rasse

Ursprung: Frankreich / 11. November 1969
Übersetzung: Frau Michèle Schneider

Allgemeine Erscheinung: Imposanter, starker, harter, kraftstrotzender, gut gebauter und muskulöser Hund ohne jegliche Schwerfälligkeit. Sicheres, furchtloses Auftreten.

Fehler: Mangel an Härte und Kraft, scheues Wesen.

Disqualifikation: Mangel an Typ, zu schwer, zu schmächtig, gefährlich oder ängstlich.

Größe: Rüden: 65–70 cm
Hündinnen: 61–68 cm
Disqualifikation: Widerristhöhe über oder unter den festgelegten Minimal- resp. Maximalwerten.

Kopf: lang (2/5 der Widerristhöhe) und im Verhältnis zum Körper stehend.
Schädel: flach oder von der einen Seite zur andern leicht gewölbt; Scheitellinie wenig ausgeprägt; Hinterhauptbein sichtbar; Kopf gut gemeißelt, von harmonischer Linienführung, ohne Schwächen.
Stop: Stirnabsatz wenig ausgeprägt und in der Mitte zwischen Hinterhauptbein und Nasenspitze liegend. Schädelbreite und Kopfhöhe sollen etwas weniger als die Hälfte der gesamten Kopflänge ausmachen. Nasenrücken nicht gewölbt, doch gegen den Nasenschwamm hin leicht abgebogen (konvex). Aus der Seitenansicht soll der Nasenrücken mit der oberen Schädellinie annähernd parallel laufen.
Fang: weder schmal noch spitz. Lefzen trocken, geschlossen, ausnahmslos gut pigmentiert. Oberlippe die Unterlippe bedeckend, ohne lose überzuhängen, im Lippenwinkel einen sehr leichten Taschenansatz bildend, der jedoch stets fest bleiben muß.
Gebiß: kräftig, weiß, Scherengebiß, wobei die oberen Schneidezähne die unteren bedecken sollen, ohne den Kontakt zu verlieren. Das Gebiß soll vollständig sein, doch ist der funktionellen Bedeutung der verschiedenen Zähne gebührend Rechnung zu tragen.
Nase: Der Nasenspiegel muß dem Fang entsprechen, weder zu schmal noch zu groß sein, doch gut entwickelt, nie gespalten, stets schwarz; aus der Seitenansicht hat er in Verlängerung der oberen Lefzen zu liegen.

Augen: horizontal liegend (bei waagerecht getragenem Kopf), stets von dunkler Farbe, nie heller als haselnußbraun, auch wenn der Brand aufgehellt ist. Der Augapfel ist immer rund, nur die Lidöffnung ist von Rasse zu Rasse verschieden. Beim Beauceron ist sie in der Form leicht oval.
Schäferhundausdruck: das heißt offen, nie bösartig, ängstlich oder scheu.
Ohren: hoch angesetzt. Wenn kupiert müssen sie aufrecht getragen werden, weder auseinander- noch zueinanderstrebend, mit der Spitze leicht nach vorne zeigend. Bei korrekt getragenen Ohren verlaufen zwei die Halsseiten verlängernde Linien genau durch die Mitte der Ohrmuscheln. Nicht kupierte Ohren dürfen nicht anliegend hängen, obwohl sie flach und eher kurz gewünscht werden. Die Länge des nicht kupierten Ohres soll der Hälfte der gesamten Kopflänge entsprechen. Bei gleichwertiger Qualität ist einem Hund mit kupierten Ohren gegenüber einem mit langen Ohren der Vorzug zu geben.
Fehler: etwas zu flacher oder zu runder Schädel; zu stark oder ungenügend markierter Stirnabsatz; Nasenrücken zu stark konvex, zu schmal oder zu breit; Lefzen zu straff anliegend oder hängend, Lippenwinkel dick und lose; ungenügende Pigmentierung; ungesundes, gelb angelaufenes Gebiß.
Beim Fehlen von:
- einem Schneidezahn oder einem Fangzahn oder einem Molar: kein CAC
- zwei kleinen Prämolaren: kein «vorzüglich»
- zwei Schneidezähnen oder zwei Fangzähnen oder zwei Molaren: kein «sehr gut«
- drei kleinen Prämolaren: kein «sehr gut»
- drei Schneidezähnen oder drei Fangzähnen oder drei Molaren: «ungenügend»
- vier kleinen Prämolaren: «ungenügend»

Weitere Fehler: enger, schiefer, zu voluminöser, vorstehender Nasenschwamm; schiefliegendes,

vorstehendes, ungenügend geöffnetes helles Auge; ängstlicher Blick; weiche, schlecht getragene kupierte Ohren; zu lange oder eingerollte, unkupierte Ohren, schlechter Ansatz.
Disqualifikation: untypischer, zu kleiner oder zu schwerer Kopf; Mangel an Stop oder Stop viel zu ausgeprägt; zu kleiner Schädel, dünner oder zu kurzer Nasenrücken; zu stark entwickelte, hängende, ungenügend pigmentierte Lefzen; Vor- und Hinterbiß; fehlende Molaren, zu unvollständiges oder schadhaftes Gebiß; Gebißkontrolle unmöglich; Spaltnase, Nase von anderer Farbe als schwarz; zu helles Auge, fehlerhafte Form; nicht der Standardbeschreibung entsprechende Ohren.

Körperbau: Der Berger de Beauce soll weder zu lang noch zu kurz gebaut sein, sondern in jeder Beziehung harmonisch proportioniert wirken. Die Körperlänge vom Buggelenk zum Sitzbeinhöcker gemessen übertrifft die Widerristhöhe beim Rüden um 1,5 cm, bei der Hündin um 1,5 – 2 cm; Hals gut bemuskelt und fest mit den Schultern verbunden, den Kopf stolz tragend. Brust breit, tief und lang; Brustumfang die Widerristhöhe um 1/5 übertreffend. Brust bis zu den Ellenbogen reichend, falsche Rippen lang und biegsam. Schulter von mittlerer Länge und schräg liegend. Rücken gerade. Widerrist gut ausgeprägt. Lenden breit und gut mit dem Rücken verbunden. Kruppe nur leicht abfallend und dies ausschließlich gegen den Rutenansatz hin. Kniegelenk nicht zu stark gewinkelt. Unterschenkel etwas nach hinten gestellt. Sprunggelenk kräftig, tiefgestellt (nicht zu bodennah, etwa auf einem Viertel der Gesamthöhe liegend), mit dem Unterschenkel einen gut geöffneten Winkel bildend. Hintermittelfuß senkrecht, leicht hinter dem Sitzbeinhöcker stehend. Unterarm trocken bemuskelt, Vorder- und Hintergliedmaßen gerade und parallel, sowohl von der Seite aus, wie auch von vorne und von hinten gesehen.
Fehler: Rumpf von ungenügender oder übertriebener Länge; schwacher oder dicker Hals; Wamme; etwas enge und schwache Brust; Schulter etwas zu gerade oder zu schräg liegend; Kruppe etwas zu stark abfallend oder zu gerade; leicht fehlerhafte Winkelungen.
Disqualifikation: zu schmächtig entwickelte Brust; tonnenförmiger Rippenkorb; zu dicker oder übertrieben aufgezogener Bauch; zu langer oder zu kurzer Körper; Mangel an Ausgewogenheit zwischen den einzelnen Körperteilen; fehlerhafte Winkelungen; Monorchismus, Kryptorchismus oder ungenügend entwickelte Hoden.

Rute: lang, nicht kupiert, tief getragen, mindestens bis zum Sprunggelenk reichend, ohne seitliche Abweichung, an der Spitze leicht hakenförmig aufgebogen (in der Form eines «J»).
Fehler: leichte seitliche Abweichung, etwas zu starker Haken oder Kuhschwanz.
Disqualifikation: kupierte, eingerollte oder über dem Rücken geringelte Rute, zu stark ausgeprägter Haken, starke seitliche Abweichung, durch Operation korrigierte Rute.

Haar: sehr kurz am Kopf, stark, kurz, dick, geschlossen und anliegend am Körper, 3–4 cm lang. Hinterbacken und Unterseite der Rute leicht aber unbedingt befranst. Unter dem Deckhaar befindet sich sehr kurze, feine, dichte und daunenweiche Unterwolle, die vorzugsweise von mausgrauer Farbe ist. Sie darf keinesfalls durch das Deckhaar sichtbar sein.
Fehler: zu langes Kopfhaar, ungenügend entwickelte oder in der Farbe zu helle Fransen, zu dicht anliegendes Haar, Tendenz zur Wellenbildung (diese liegt vor, wenn das glatt anliegende Haar auf seiner ganzen Länge leichte Krüm-

mungen aufweist; in diesem Fall ist zu vermerken: «Zeigt Tendenz zur Wellenbildung»).
Disqualifizierung: übertrieben behaarter Kopf, zu kurzes oder zu langes Haar, fehlende Fransen und Unterwolle, Unterwolle durch das Deckhaar sichtbar; zu feines, struppiges, gewelltes Haar. Das Haar gilt als «gewellt», wenn es weder gekräuselt, noch glatt, noch flach anliegend ist.

Pfoten: kräftig, rund, Nägel stets schwarz; Ballen hart aber federnd.
Fehler: ungenügend kompakte Pfoten, zu dünne oder ungenügend federnde Ballen.
Disqualifizierung: gespreizte Pfoten oder solche, die keine normale Arbeit erlauben.
Afterkrallen: Die Hinterläufe müssen an ihrer Innenseite doppelte Afterkrallen tragen, die zwei gut voneinander getrennte «Daumen» bilden und ganz nahe bei der Pfote liegen sollen. (Grund: ihre Anwesenheit erhöht die tragende Fläche).
Fehler: zu hoch am Hintermittelfuß angesetzte doppelte Afterkrallen oder dieselben nur in Form von zwei übereinanderliegenden Stumpen vorhanden. Doppelte Wolfskrallen an den Vorderläufen.
Disqualifikation: einfache oder gänzlich fehlende Afterkrallen.

Farbe: A) Schwarz mit Brand (zweifarbig), sog. «Bas-Rouge» (Rotstrumpf), die schwarze Farbe muß rein, der Brand eichhörnchenrot sein und sich wie folgt verteilen: rote Flecken über den Augen, rote Abzeichen seitlich des Fanges, die zu den Backen hin verschmälern und nie bis zum Ohransatz hin reichen dürfen; zwei rote Brustflecken werden einem einzigen großen vorgezogen; Kehle und Analgegend rot; das Rot von Pfoten und Mittelfuß soll sich nach oben allmählich mit Schwarz vermischen und nicht mehr als ein Drittel des gesamten Laufes bedecken, dabei an dessen Innenseite etwas weiter hinaufreichend. Einige weiße Brusthaare sind gestattet.
B) Arlequin (Harlekin); Grau, Schwarz und Rot (dreifarbig). Das Haarkleid ist zu gleichen Teilen grau und schwarz gefleckt oder mehr schwarz als grau; der Brand bedeckt die gleichen Stellen wie bei den zweifarbigen Hunden.
Fehler: schwarze Farbe nicht rein genug, ungenügende Verschmelzung der roten mit der schwarzen Farbe, zu heller oder zu dunkler Brand, zu wenig oder zu viel Brand, kleiner weißer Brustfleck. Beim Arlequin zu helles oder zu ausgedehntes Grau.
Disqualifikation: weißer Flecken auf der Brust, zu ausgedehnter Brand, andere als die vorgeschriebenen roten Abzeichen, zu deutlich von den anderen Farben getrennte Abzeichen. Beim Arlequin: zuviel Grau, eine schwarze und eine graue Seite, rote Abzeichen mit grauen Haaren vermischt, ganz grauer Kopf. Die Fehler sollen nach dem Grad ihrer Ausprägung bestraft werden. Alle Erscheinungen, die auf Degeneration hinweisen, führen zur Disqualifikation des betroffenen Hundes, so auch pigmentlose Flekken, Pigmentmangel, verwaschene Farben.

Haltung: Der Berger de Beauce ist in natürlicher Haltung zu bewerten. Der Aussteller darf die Stellung seines Hundes verbessern, doch muß der Richter ausschließlich die natürliche Haltung für die Bewertung berücksichtigen.
Gangwerk: Das Gangwerk muß unbedingt bewertet werden. Ein Herdenhund kann niemals vollumfänglich im Stand bewertet werden. Die Bewegungen müssen federnd und frei sein, wobei sich die Läufe parallel zueinander bewegen. Der Richter befindet sich vor oder hinter dem Hund. Ein Hund, dem es in Bewegung an Stabilität fehlt, ist fehlerhaft. Die verschiedenen Gang-

Unkupierte, gekippt getragene Ohren

arten sind: Schritt, kurzer Trab, langer Trab, Galopp. Der Berger de Beauce muß einen langen Trab zeigen.
Fehler: schlechte Haltung (je nach Wichtigkeit); steppender und wenig raumgreifender Gang, kurzer Trab, Neigung bei langsamer Gangart in Galopp überzugehen; Paßgang.
Disqualifikation: Unmöglichkeit der Bewertung von Stand und Gangwerk; nicht schäferhundgemäße Gangart.

Wesen: Der Berger de Beauce soll im Wesen ruhig-mutig sein. Hunde die eine grundlose Agressivität zeigen, ängstlich oder übertrieben scheu sind, müssen disqualifiziert werden.
Bemerkung: Rüden müssen zwei sichtlich normale, gut im Skrotum liegende Hoden aufweisen.

****

Anmerkungen:
Die «Réunion des Juges et Confirmation» präzisierte auf ihrer Sitzung vom 29.3.1986 den Standardtext zu den Afterkrallen wie folgt:
«Als doppelte Afterkralle wird alles betrachtet, was den Anschein einer solchen hat, also zwei getrennte Zehen mit zwei Krallen, gleich ob knöchern oder nicht. Auch zwei verwachsene Zehen werden ohne Strafe akzeptiert, wenn eine leichte Trennung erkennbar ist und doppelte Knochenglieder vorhanden sind.
Disqualifikation und Zuchtausschluß erfolgt aber bei einem Zeh ohne Krallen, deutlich verkümmertem Zeh, bei einem Zeh der zwei Krallen trägt, aber nicht mit Knochen oder Band ausgestattet ist.»

Beschluß der FCI vom 31. 5. 1994:
«Bei der Beurteilung von Hunden einer Rasse, bei welcher bis anhin Ohren und/oder Rute kupiert wurden, soll von nun an an allen Ausstellungen (nationalen-, internationalen- und Weltausstellungen), da in verschiedenen Ländern diese Eingriffe gesetzlich verboten sind, die Tatsache, ob Ohren oder Rute kupiert sind oder nicht, die Formwertbeurteilung in keiner Weise beeinflussen. Die Beurteilung berücksichtigt jedoch gut oder schlecht kupierte Ohren, standardgerechte oder fehlerhafte natürliche Ohren, gut oder schlecht kupierte Ruten und standardgerechte oder fehlerhafte natürliche Ruten.»

Veröffentlichung der Société Centrale Canine 1994:

Offizielle Liste der Punkte für die Verweigerung der Confirmation (Zuchtzulassung):

Allgemeine Erscheinung: Fehlen von Typ. Größe außerhalb des Standardlimits, 65–70 cm für Rüden, 61–68 cm für Hündinnen.
Besondere Punkte des Typs: Körperbau und Knochenbau ungenügend, nicht für die Arbeit tauglich. Ausgedrehte Hinterpfoten zu mehr als 150°. Rute über den Rücken gerollt. Fehlen einer doppelten Afterkralle.
Fell: Farbe und Haar nicht dem Standard entsprechend. Weißer Brustfleck mit größerer Fläche als 5 cm. Augen deutlich zu hell.
Anomalien: Monorchismus, Kryptorchismus. Vorbiß mit Kontaktverlust, Fehlen von drei oder mehr Zähnen (ohne P1).
Charakter: sehr bösartiger oder sehr ängstlicher Hund.

Kommentar zum Standard

Seit in verschiedenen Ländern nicht mehr kupiert werden darf, werden die unkupierten Ohren heiß diskutiert. Dabei ist der gültige Standard den Richtern und Züchtern keine Hilfe, weil er gerade in diesem Bereich sehr allgemein und wenig aussagekräftig ist. Dieses Problem und Lösungsvorschläge wurden von den Autoren anläßlich der nur alle zehn Jahre stattfindenden Richtertagung des französischen Beauceronklubs (1998, mit Teilnahme der Rasserichter, Zuchtverantwortlichen und Vertreter der veterinärmedizinischen Universität von Lyon) vorgebracht, und mit Nachdruck wurde eine verbindliche und eindeutige Regelung verlangt. Die erhofften unmißverständlichen Richtlinien konnten nicht beschlossen werden, weil die Richtertagung keine Kompetenz zur Standardänderung hat. Trotzdem wurden die Vorschläge das am meisten diskutierte Thema des Tages, mit dem Ergebnis, daß der Präsident des französischen Beauceronklubs diese Regelung den dirket Betroffenen überlassen möchte. Das auch von kompetenter Seite unterstützte Ergebnis ist:

- Es treten bei unkupierten Hunden verschiedene Ohrformen, Haltungen und Größen auf.
- Der Standard bevorzugt Hunde mit aufrechten (kupierten) Ohren.
- Die FCI verbietet ausdrücklich die Benachteiligung von unkupierten Hunden.
- Ein nicht unbedeutender Teil der Rasseliebhaber kauft den Beauceron auch wegen den aufrecht getragenen Ohren und wendet sich sonst einer andern Rasse zu.

Aus diesen Überlegungen ist abzuleiten:

- Das natürliche, nicht allzu große Stehohr ist als Ideal anzusehen, weil es sowohl dem Wunschbild des Standards, als auch den FCI-Bestimmungen und den Vorstellungen der Käufer am nächsten kommt.

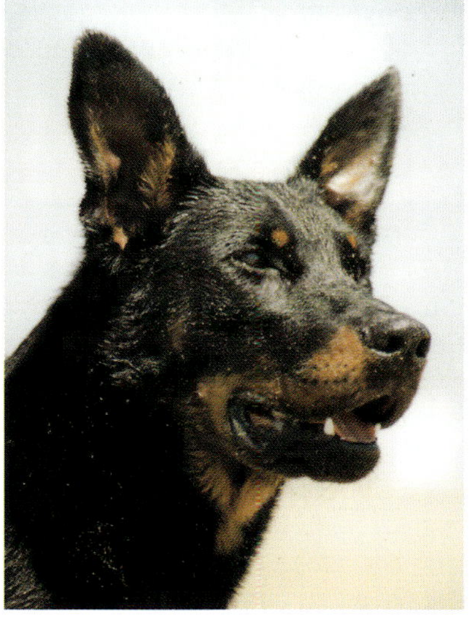

Unkupierte, aufrecht getragene Ohren

- Auf dem Weg zur züchterischen Fixierung des Stehohres sind alle Formen von mehr oder weniger aufrecht getragenen Ohren als Schritt in die gewünschte Richtung anzusehen, nach dem Motto, je höher gestellt, desto besser. Wichtig ist, daß die Ohren hoch angesetzt, am Ansatz nicht zu breit und nicht zu lang sind (bis Fanglänge).
- Fehlerhaft und entsprechend zu werten sind flach anliegende Schlappohren und gefaltete Ohren.

Der Standard beschreibt den Beauceron als einen gut gebauten, kräftigen Schäferhund, der sich durch ein sicheres Verhalten auszeichnet. Besonderer Wert muß daher auf alle für einen Gebrauchshund wichtigen Eigenschaften und Merkmale gelegt werden. Häufigste Fehler:

- unsichere Hunde mit angstbedingter Aggressivität
- runder Schädel, tief liegende Augen
- zu große und zu schwere Hunde, oft mit Wamme
- ausgedrehte Hinterpfoten, sogenannte «kuhhessige Stellung»
- fehlerhaftes Gangwerk (steppend, im Vordermittelfuß durchtretend, ausdrehende, lose Ellbogen),
- gewelltes Haar, sehr kurzes Haar mit (zu) wenig Unterwolle
- in einigen Zuchtlinien: im Stand nervöses Zittern der hinteren Gliedmaßen

Charakter und Eignung

Freude an der Arbeit und temperamentvolle Ausdauer waren Forderungen, die von den Hirten an einen guten Hütehund gestellt wurden. Viel davon konnte beim Beauceron bewahrt werden. Seine Größe und sein «wildes», noch wenig gestyltes Aussehen brachten ihm auch den Ruf eines Hundes, mit dem nicht zu spaßen sei. Wohl zu Unrecht, denn konsequent erzogen

Welpen müssen früh an Kinder gewöhnt werden

und richtig gehalten, ist der Bas Rouge ein liebevoller, manchmal zwar etwas ungestümer Begleiter, der sich problemlos in «seine» Familie einfügen wird. Der Beauceron möchte beschäftigt sein. Wichtig ist, daß der Führer erkennt, wo die Stärken seines Hundes liegen und ihn auch entsprechend fördert. Mit gutem Erfolg wurden und werden Beaucerons sowohl im Schutzhundesport ausgebildet als auch in den Rettungshundedisziplinen (Sanitäts-, Lawinen-, Such- und Katastrophenhund) und Agility.

Die etwas längere Zeit, die in die Ausbildung des Beauceron unter Umständen investiert werden muß, macht seine sprichwörtliche Altersfrische bei weitem wieder wett. Hunde, die mit zehn und mehr Jahren noch regelmäßig ihren Besitzer auf den Übungsplatz begleiten und mit erstaunlicher Vitalität und Freude sämtliche Trainingsprogramme mitmachen, sind keine Seltenheit.

Berger de Brie (Briard)

Geschichte und Herkunft

Briard, Rüde und Hündin («Journal d' agriculture pratique», 1907)

Der Briard entstand aus den örtlichen Schlägen der zum Hüten und Treiben verwendeten Hunde Frankreichs. Allgemein bekannt ist die Beschreibung des Briard durch Abt Rozier in *«Cours d'Agriculture»* (1809): «In den Ebenen, im offenen Hügelgelände, wo die Schafe tagsüber weiden, ist es der *Chien de Brie,* dessen man sich hier bedient. Dieser Hund mit den kurzen Ohren und der horizontal oder über den Rücken geschwungenen, manchmal auch hängend getragenen Rute hat langes Haar am ganzen Körper. Schwarz ist die vorherrschende Farbe. Es ist nicht seine Schönheit, die ihn beliebt macht, sondern sein angeborener Gehor-

Briard «Cami de la Hulpe», aus belgischer Zucht (Sédir, 1926)

sam, seine Beweglichkeit und seine Geschicklichkeit. Es ist nicht einzusehen, warum man ihm die Ohren kupiert aber es ist wichtig, ihm im Alter von sechs Monaten die Fangzähne auszubrechen, falls er zu scharf wird. Seine Aufgabe ist es, die Schafe gehorsam zu machen und zwar nur durch seine Stimme und seine Bewegungen, nicht durch Beißen. Ein zu schweigsamer Hund wäre ein großer Fehler. Für die bewaldeten Gebiete und die gebirgigen, mit Gebüsch bewachsenen Hänge und für die Bewachung bei Nacht, überhaupt an allen Orten und bei allen Gelegenheiten, die der Gefräßigkeit des Wolfes Vorschub leisten, unterstützen die Hirten den Briard durch einen robusten Verteidiger, einen Matin starker Rasse. Die Erziehung dieses Hundes ist nicht die gleiche wie die des *Chien de Brie.*»

Auch in Belgien war die Rasse früh bekannt, 1846 schrieb Hennon in *«Mémoire sur le Chien Domestique et le Coq»:* «Die Franzosen haben einen Schäferhund, *Chien de Brie* genannt. Dieses Tier kämpft gut gegen den Wolf und hilft auch bei der Führung der Schafe.» 1891 erwähnt A. Reul in dem in Brüssel erschienenen Buch *«Les races des chiens»* ebenfalls den Briard: «Der Augenblick ist gekommen, die alten französischen Hunde zu beschreiben, von denen der älteste scheinbar der *Berger de la Beauce* ist. Aber beachten wir, früher waren alle Schäferhunde in der Region Paris untereinander vermischt und wurden *chiens briards* oder kurzgefaßt *briards* genannt. Mit struppigem Haar, den Kopf bedeckt mit langen Haaren, die Schnurrbart und Augenbrauen bilden wie beim Barbet und Griffon, kleiner als der Beauceron, das ist der *chien de brie,* der *Labrie* oder *Briard.* Er findet sich besonders in den Departements von Seine-et-Oise, von Seine-et-Marne und von l'Aisne nahe der Hauptstadt. In Belgien existieren neben unseren einheimischen Schäferhunden nicht schlechte *Chiens de Brie*. Sie sind mehr oder weniger reinrassig, manchmal besonders schön, silbergrau mit blauem Widerschein, doppelten Afterkrallen, sehr intelligent. Die *Chiens de Brie* sind geeignet zur Führung verschiedener Herden, wie die von Rindern, Kühen und Schafen. Es wäre schlecht, sie in der Ebene durch Gebirgshunde zu ersetzen, welche größer, schwerer und weniger aktiv sind.»

In der zweiten Hälfte des 19. Jahrhunderts wurde der Briard immer bekannter und von zahlreichen Autoren erwähnt. So zitiert Eugéne Gayot 1867 in seinem Buch *«Le Chien – Histoire Naturelle»* einen Herrn Pierre Pichot: «Die Schäferhunde – Der *Chien de Brie* und seine Verwandten. Obwohl die Schäferhunde seit langem domestiziert sind, haben sie sich wenig verändert und die Rassen scheinen fast überall ursprünglich geblieben zu sein. Sie sind zahlreich und Frankreich hat einige tüchtige und schöne, aus denen wir in erster Linie den *Chien de Brie* anführen möchten. Er unterscheidet sich gewöhnlich durch sein langes und seidenhaariges Fell

von fauver oder isabellfarbener Farbe von den anderen Rassen.»
1876 schreibt der Österreicher Dr. L. J. Fitzinger in dem Buch «Der Hund und seine Racen» erstmals im deutschsprachigen Raum über den *Chien de Brie* und ordnet ihn in die Gruppe der Hirten-Haushunde ein. Er ist «stark, doch keineswegs besonders schwer, daher auch in seinem Laufe ziemlich rasch und ausdauernd. Dabei ist er auch mutig und tapfer, besitzt in hohem Maße Intelligenz und zeichnet sich ebenso sehr durch Klugheit und Scharfsinn, als Wachsamkeit, Anhänglichkeit und Treue aus. Dieser Eigenschaften wegen wird er mit ebenso großem Vorteile als Wächter des Hauses, wie auch als Hüter und Lenker der Herden benützt, die er anführt, zusammenhält, mit Verstand bewacht und mit Mut gegen Feinde verteidigt.»
Der bekannte französische Kynologe Pierre Mégnin weiß im gleichen Jahr in der Zeitschrift *«l'Acclimation»* über den Berger de Brie zu berichten: «Der Hund der französischen Schäfer par excellence ist der *Chien de Brie.* Sein Haar ist länger, mit Haarsträhnen die oft wegen mangelnder Pflege verfilzen. Die Farbe ist gemeinhin schwarz oder dunkel aschgrau.»
1895, ein Jahr vor der offiziellen Anerkennung der Rasse, veröffentlichte Prof. Cornevin die Maße einiger Briards. Auffallend ist die geringe Widerristhöhe (Rüden 61 – 64 cm, Hündinnen 52 – 56 cm) und das entsprechend niedrige Körpergewicht (19.5 – 29.5 kg). Zwei Jahre später wurde vom «Club Français du Chien de Berger» der erste Standard veröffentlicht, genannt Standard «von Angerville»:
«Kopf bedeckt mit Haaren, die einen Schnurrbart bilden und Augenbrauen, die die Augen nicht bedecken oder sie nur ganz leicht verschleiern. Körperbehaarung lang und wollig. Ohren aufrecht wenn sie kupiert sind; gerade und in der Höhe umgebogen wenn sie naturbelassen sind. Doppelte Afterkrallen an beiden Hinterläufen. Rute ganz, im letzten Stück einen Haken formend. Größe: 55 cm bis 65 cm, kräftiger Hund, gut aufgebaut. Farbe: schiefergrau oder schwarz überdeckt, fauve, eisengrau, graubraun.
Zu vermeidende Fehler: Kopf zu beladen mit Haar, gänzlich die Augen verdeckend; Ohren flach und gegen die Wangen fallend; Haar gekräuselt, einfache Afterkrallen an den Hinterläufen; Rute gerade, mit Fahne; zu lang gebaut oder schwach im Kreuz.»
Wie alle Schäferhunde wurde der Briard ursprünglich als Arbeitshund eingesetzt und die

Eine der ältesten Darstellungen des Briard: «Tambour» (Reu, 1891)

Arbeitsfähigkeit war deshalb ein wichtiges Selektionskriterium. Wie bei anderen langhaarigen Rassen forcierten die Züchter die Schönheit (üppiges Fell) auf Kosten der Gebrauchstüchtigkeit. Dies war Anlaß für zahlreiche Diskussionen, die auch im Bericht über einen Wettbewerb für Schäferhunde ihren Niederschlag fand (1901): «Die langhaarige Rasse der Brie umfaßt zwei Varietäten: die schwarzen und die fauven. Zum ersten Mal wurde der Preis «Capitaine» zuerkannt, dem vorzüglichen Hund von Hr. Antoine. Doch ich frage mich, ob man das Übermaß an Haar gutheißen soll, welches «Capitaine» bedeckt und welches eine Blutsverwandtschaft mit dem russischen Hund zu verraten scheint, für den das wollige Fell charakteristisch ist. Umsomehr schätze ich für einen Arbeitshund das fast gerade Haar, welches ich Ziegenhaar nenne. Ebensosehr verwerfe ich das zu lange und zu gekräuselte Haar, welches verfilzt und verzottelt, wenn man es nicht jeden Tag bürstet.»

Chien de Brie (Dechambre, 1921)

Der sehr bekannte Kynologe Paul Mégnin, Sohn des Pierre Mégnin, widmete sich 1904 ausführlich der Rasse:
«Der *Briard,* der am längsten bekannte (französische Schäferhund), unterscheidet sich vom Beauceron durch sein Haar. Es ist lang und strähnig auf dem ganzen Körper, ebenfalls und besonders an den Gliedmaßen und am Kopf. Der Fang, mit Schnauz- und Kinnbart erscheint kürzer und breiter, seine Größe ist im allgemeinen etwas geringer, er erinnert ein wenig an unseren alten Barbet oder auch Griffon. Das Fell des *Chien de Brie* ist schwarz oder schwarz mit eingestreuten weißen Haaren, oder fauve, fauve silber und noch silbergrau. Wie bei seinem Verwandten aus der Beauce wird die Rute nie trompetenförmig getragen, sondern mit aufgebogener Spitze und hat niemals weiße Flekken.» Das Haar betreffend unterschied Pierre Mégnin zwei Varietäten: «den Briard mit glattem oder Ziegenhaar und den Briard mit gewelltem Haar, letzterer droht auszusterben weil die Schäfer schnell den Nachteil des gewellten Haares erkannt haben, welches, vor allem bei schlechtem Wetter, viel Schmutz aufnimmt.»
Einer Modeströmung folgend wurde auf der Generalversammlung des «Club Français du Chien de Berger» 1911 beschlossen, daß die Größe für besonders gute Exemplare der Rasse um 2 – 3 cm erhöht wird, da sich diese Extragröße vorteilhaft in der Zucht auswirken würde.
1922 spricht sich Dumont Chancrin in *«Larousse Agricole»* gegen eine Kreuzung mit anderen Rassen aus, die offensichtlich auch in Briardkreisen im Gespräch waren. Im gleichen Jahr veröffentlicht L. de Lajarrige in der Sonderausgabe *«Le parfait Eleveur»* der Zeitschrift *«Vie à la Campagne»* ein treffendes Briardportrait: «An der Spitze, wie die Urform, unsere alte Rasse der *Brie,* die leider aus praktischer Sicht einen ernsthaften Fehler hat. Das Fell verlangt sorgfäl-

Briard (Vie à la Campagne, 1922)

tige Pflege, häufige Bäder, eine gewissenhafte Reinigung, ohne die es ein Unterschlupf von allerlei Ungeziefer wird und gewisse Gerüche annimmt.
(...) Qualitäten, Fähigkeiten, Fehler: Der *Chien de Brie* kann sowohl als Schäfer- als auch als Luxushund angesehen werden. Er ist ein tapferes, sehr intelligentes, sehr ungezwungenes und sehr treues Tier, versehen mit vielen Qualitäten. Seine lange Behaarung schreckt leider viele Liebhaber ab. Die wollige Behaarung, die Dreck und Staub aufnimmt, wurde durch Selektion zurückgedrängt und die gute Briard-Behaarung, genannt «Ziegenhaar», bietet entschiedene Vorteile. Sie erfordert nur eine gewisse Pflege. Völlig unempfindlich gegen die Unbilden der Witterung, erträgt er sowohl Hitze wie Kälte und hat eine bemerkenswerte Gesundheit. Sehr gut schwimmend, das Wasser liebend, läßt er sich leicht als Rettungshund abrichten. Zum anderen hat er einen sehr gut entwickelten Geruchssinn, was ihn zum guten Fährtenhund macht, sei es für die Polizei, sei es als Verbindungshund. Die Verbände, die während des Krieges *Chiens de Brie* im Einsatz hatten, lobten sie, denn ihre ausgeprägte Intelligenz gestattete es ihnen, sich leicht an die Bedingungen anzupassen. (...) Die Grundlage für die Zucht dieser Rasse ist die gründliche Aufzucht. Bei den langen Ausflügen können sich die Lungen entfalten, der Knochenbau wird stark und die Formen werden harmonisch. Befaßt Euch tagtäglich mit Euren Exemplaren, bürstet ihnen die Mähne und achtet aufmerksam auf den Zustand der Verdauung. Die besondere Intelligenz des Briard macht seine Dressur leicht. Es genügt, ihm sanft – ohne Grobheit – zu verstehen zu geben, was Sie von ihm erwarten. Für die Arbeit an der Herde besteht ein großer Teil der Ausbildung darin, daß ein älterer Hund als Ausbilder dient. Beim Beginn des eigentlichen Abrichtens lehrt man den jungen Briard, an einem ihm zugeteilten Platz zu bleiben und nach der Ausführung eines Befehls dorthin zurückzukehren. Die Verkaufspreise sind sehr verschieden: Welpen aus erstklassiger Zucht 250 fr nach dem Entwöhnen, unter 100 fr erhalten Sie nichts Ordentliches, außer Überraschung oder Irrtum.»
Das erste ausführliche Buch über den Briard mit zahlreichen Abbildungen erschien unter dem Titel *«Le Berger de Brie – Chien de France»,* verfaßt in den Jahren 1913 bis 1926 von dem Schriftsteller Yvon Le Loup, der unter dem Pseudonym Sédir unter anderem schrieb: «Allgemeine Erscheinung: Der Briard muß sich im Ruhezustand mit Gelassenheit aber auch mit Autorität präsentieren. Er ist ein Wachhund. Er muß wachsam sein und aufpassen. Die Züchter sollten die furchtsamen Tiere von der Zucht ausschließen oder aber erziehen, dies wäre besser für die Tiere, die sich in den Straßen oder Ausstellungsringen verrückt machen, deren Rute zwischen den Beinen verschwindet, die hecheln und vor Unruhe den Speichel fließen lassen, selbst wenn ihr Herr sie hält. Um dieses Ziel zu erreichen, soll man den Hund

«Polka de Montjoye» (Leighton, 1907)

nicht in einem Hof, schon gar nicht an der Kette halten. Diese Gewohnheit, die sich bei den Bauern eingebürgert hat, kann nur als barbarisch bezeichnet werden und verdirbt den Charakter des Hundes. Die wahren Liebhaber müssen also ihrem Hund erlauben, mit ihnen zu leben, mit ihnen auszugehen, um sich an Geräusche und Bewegung zu gewöhnen. In der Bewegung, vor allem im Trab und im Galopp, muß die Gangart des Briard leichtfüßig und geschmeidig sein, fast so wie die einer großen Raubkatze. Der weise Hund ist der, dessen Rute in allen Gangarten hängt, der sie nur in Momenten ernster Gefahr erhebt, also im großen Zorn der Attacke. Die Kenner wissen, daß das nichtkupierte Ohr kein Fehler ist. Aber bei sehr heller Fellfarbe oder zu enger Zucht hat der *Briard* oft zu niedrig angesetzte und zu lange Ohren. Indem man die Ohren kupiert, verschwinden beide Fehler. Wenn man sie aber nicht kupiert, bemängelt der Richter diese Jagdhundeohren. Der Besitzer aber ist erstaunt, weil die unkupierten Ohren erlaubt sind. Im oberen Becken der Garonne gibt es einige fauve Briards von kleiner Größe (50 cm am Widerrist), die mit natürlich stehenden Ohren geboren werden. Andererseits fand man Hinweise auf Briards mit natürlich aufrechtstehenden Ohren vor 1870. Soll man die Zucht in diese Richtung lenken? Ich würde diese Frage gerne bejahen, um den Welpen eine Operation zu ersparen. Eine Bitte an die unerfahrenen Damen: schneiden Sie die Augenbrauen nicht unter dem Vorwand ab, daß der arme Hund ja nichts sieht, haben Sie keine Sorge, dieser arme Hund sieht sehr gut. Die flachen Augenbrauen bewirken einen traurigen und schlappen Eindruck. Zum Schluß möchte ich die Liebhaber ermahnen, die Köpfe ihrer Hunde gut zu kennen und zu verstehen. Durch den Kopf drückt sich der Charakter aus.»

Auch im Mutterland der Kynologie, in Großbritannien, war der Briard bekannt. Bereits 1907 schreibt Robert Leighton in *«The new book of the dog»:*

«Der *Chien de Brie* hat einen kürzeren Kopf als die Beauce-Varietät, die Schnauze ist weniger gespitzt und die Ohren sind kurz und aufrecht, niemals hängend. Er hat zottiges, welliges Haar, welches entweder schwarz oder schiefergrau, grau oder rotbraun mit dunkelbrauner Schattierung ist. Das Haar ist besser glatt als aufgeplustert. Die allgemeine äußere Erscheinung ist nicht unähnlich der des Old English Sheepdog, aber die Rute des Briards ist von Natur aus lang und bleibt so.»

Ein Jahr später weist Henry Sodenkamp in *«The Kennel Enzyclopia»* des British Kennel Club darauf hin, daß die Briards vor allem in den Ebenen der Somme und Beauce, aber nur selten in der Brie zu sehen seien. Er vermerkt ein wachsendes Interesse am Briard, seine Wertschätzung drücke sich auch in den hohen Preisen für Hunde dieser Rasse aus. Die Rasse sei um die Jahrhundertwende sehr verbessert worden,

seltsam sei aber, daß die beste Zucht «de la Hulpe» in Belgien zu finden sei.
Abschließend eine amüsante, liebevolle und «fabelhafte» Rassebeschreibung von Clifford L. B. Hubbard in dem 1947 in London erschienenen Buch *«Working Dogs of the World»:*
«Briard: Frankreich hat viele einheimische Rassen (sicherlich mehr Jagdhunde als irgendein anderes Land dieser Größe), von denen ungefähr ein halbes Dutzend Schäferhunde sind. Von den Schäferhunden ist der Briard oder Berger de Brie der am besten bekannte in Frankreich und im Ausland. Es ist die älteste Rasse, die bewußt nach Idealen gezüchtet wurde, die lange vorher von umsichtigen Schäfern aufgestellt worden waren. Allein die schriftlichen Aufzeichnungen über die Rasse gehen zurück ins 12. Jahrhundert und es wird behauptet, daß schon Karl der Große eine Koppel von Hunden dieser Rasse an seine Freunde verschenkt hat.
Napoleon war sehr begeistert vom Briard und hatte einige Hunde dabei, als er in Korsika war. Auch auf den Feldzug nach Ägypten nahm er einige Exemplare mit. In diesem Zusammenhang erwiesen sich die Hunde wahrscheinlich als sehr nützlich zum Zusammentreiben von Schafen als Nahrungsquelle und zum Bewachen der Waffenlager der Armee. (...) Der Briard wird manchmal auch bei der Arbeit mit Rindern verwendet und – erst seit kurzem – wird er auch für den Polizei- und Militärdienst trainiert, wo er große Kühnheit gezeigt hat. Die Rasse wäre ein hervorragender Allrounder und aus diesem Grund sehr beliebt bei den kleineren Landwirten, wo er die Arbeit verschiedener anderer Rassen übernehmen kann.»
(Anmerkung: Karl der Große regierte von 768 – 814 n. Chr.)

Briard um 1930

Beschreibung

Derzeit gültiger, offizieller Standard der F.C.I. in deutscher Sprache, Stand Oktober 1997

Fédération Cynologique Internationale
Standard Nr. 113 f / 01. Dezember 1989

BERGER DE BRIE (BRIARD)

Ursprung: Frankreich / 06.05.1988

Übersetzung: Frau Annick Loew / Standardausschuß des VDH, unter Mithilfe von Herrn Uwe H. Fischer

Allgemeines Erscheinungsbild: rustikaler Hund, geschmeidig, muskulös und gut proportioniert, mit lebhaften und aufgeweckten Bewegungen, von ausgeglichenem Wesen, weder aggressiv noch ängstlich.

Fehler: aggressiv, träge, ängstlich, abgestumpft.
Größe: Rüden: 62 – 68 cm;
Hündinnen: 56 – 64 cm.
Die Körperlänge muß größer sein als die Widerristhöhe, der Briard ist länglich.
Fehler: quadratischer Hund: kein Vorzüglich. Größe mehr als 68 cm resp. 64 cm.
Disqualifikation: weniger als Mindestmaß und mehr als 2 cm über dem Höchstmaß. Hunde, die die Mindestgröße nicht erreichen, erhalten keine Zuchtzulassung.

Kopf: stark, lang, ausgeprägter Stop, der so plaziert sein muß, daß er von der Nasenspitze den gleichen Abstand wie vom Hinterhauptbein aufweist. Mit Haaren bedeckt, welche Kinn- und Schnurrbart bilden, Augenbrauen verschleiern leicht die Augen.
Fehler: kurzer Kopf, zu lang, Disharmonie zwischen Fang und Schädel, Kopf unproportioniert im Verhältnis zum Körper, Kopf in dem Maße behaart, daß seine Form nicht erkennbar ist. Kinnbart, Schnurrbart, Augenbrauen ungenügend, Stop zu ausgeprägt oder nicht vorhanden.
Disqualifikation: zu starker Ausprägungsgrad der vorgenannten Fehler.
Stirn: sehr leicht gerundet.
Fehler: zu flach, zu stark gerundet, zu breit, zu den Augen abfallend.
Nasenrücken: geradlinig.
Fehler: zu lang, zu schmal, zu kurz, gekrümmt.
Fang: weder schmal noch spitz.
Fehler: spitz, schmal oder zu breit, hängende Lefzen.
Nase: eher viereckig als rund, Nasenschwamm immer schwarz, kräftig, mit gut geöffneten Nasenlöchern.
Fehler: kleiner Nasenschwamm, zusammengedrückt, spitz, anders als schwarz, Spuren von gefleckter Pigmentierung.
Disqualifikation: Nasenschwamm braun oder heller sowie unterbrochene Pigmentierung.
Gebiß: stark, weiß und perfekt schließend.
Fehler: Fehlen eines Schneidezahnes, schadhafte Zähne, leichter Vor- oder Rückbiß, dabei ohne Verlust des Bißschlußes. Fehlen eines Prämolars. Fehlen von zwei Schneidezähnen, Fehlen von zwei Prämolaren.
Disqualifikation: starker Vor- oder Rückbiß, bei dem der Bißschluß nicht mehr vorhanden ist. Fehlen von 2 x P 4 oder dreier Zähne, gleich welcher Art.
Augen: waagrecht, gut geöffnet, eher groß, nicht schlitzäugig, von dunkler Farbe, mit intelligentem und ruhigem Ausdruck. Graue Augen bei einem grauen Briard sollen nicht bestraft werden.
Fehler: Augen zu klein, mandelförmig oder von heller Farbe.
Disqualifikation: ungleiche Augenfarbe, scheuer Blick, von zu heller Farbe.
Ohren: hoch angesetzt, vorzugsweise kupiert und aufrecht getragen, falls sie in ihrer natürlichen Form belassen wurden, eher kurz und nicht anliegend. Bei gleicher Qualität soll dem Hund der Vorzug gegeben werden, dessen Ohren kupiert aufrecht getragen werden. Die Länge des natürlich belassenen Ohres sollte die Hälfte der Gesamtkopflänge nicht überschreiten, eher etwas kürzer, immer flach und mit langen Haaren versehen sein.
Fehler: zu lange oder schlecht getragene Ohren, zu kurze Behaarung.
Disqualifikation: eingerollte oder zu tief (unterhalb der Augenlinie) angesetzte Ohren, kurzhaarig, natürliches Stehohr, Knorpelimplantation.

Hals: muskulöser, gut von der Schulter abgesetzter Hals.
Fehler: zu langer, zu dünner oder zu kurzer Hals.
Brust: breit (eine Handbreite zwischen den El-

lenbogen), lang und gut bis zu den Ellenbogen herabreichend.
Fehler: zu schmal, nicht genügend oder übertrieben herabreichend. Mangel an Länge, zu flach oder zu stark gewölbte Rippen.
Rücken: gerade.
Fehler: leichter Senk- oder Karpfenrücken.
Kruppe: wenig schräg, leicht gerundet.
Fehler: zu schräge oder flache Kruppe, diese Fehler noch stärker ausgeprägt, Kruppe deutlich höher als Widerrist.

Läufe: gut bemuskelt, kräftige Knochen, senkrecht gestellt.
Fehler: schlechter Stand, lose Schultern, Schenkel leicht ausgedreht, Schwäche in den Vorderfußwurzelgelenken oder zu aufrechter Vordermittelfuß, Zehenstand. Schlechte Winkelung der Schulter, kurze Haare an den Gliedmaßen, dünne Läufe, schwache Knochen.
Disqualifikation: schwere Fehler im Stand.
Sprunggelenke: nicht zu nahe am Boden und derart gewinkelt, daß der Hintermittelfuß nahezu senkrecht steht.
Fehler: zu weit entfernt oder zu dicht am Boden. Schlechte Winkelung.
Disqualifikation: schwere Fehler im Stand.

Rute: unkupiert, gut behaart, am Ende einen Haken bildend, tief und nicht seitlich abweichend getragen. Sie muß bis zum Sprunggelenk reichen oder dieses höchstens um 5 cm überschreiten.
Fehler: ein wenig zu kurz, keinen Haken bildend, Behaarung zu kurz. Rute weit über der Rückenlinie getragen, in der Bewegung unter dem Bauch getragen.
Disqualifikation: über dem Rücken getragene Ringelrute oder senkrecht getragen (steif). Operationsspuren, die auf eine Korrektur zur Verbesserung der Rutenhaltung schließen lassen.

Pfoten: stark, rund geformt (Zwischenform zwischen Katzen- und Hasenpfote).
Fehler: zu lang, zu flach und platt. Auswärts oder einwärts gestellt, nicht genügend behaart.
Disqualifikation: schwere Standfehler.
Nägel: schwarz.
Fehler: graue Nägel.
Disqualifikation: weiße Nägel.
Ballen: hart.
Fehler: nicht elastisch, zu flach, zu weich.
Zehen: geschlossen.
Fehler: gespreizte, zu lange, zu flache Zehen.

Haarkleid: gedreht, lang, trocken (Ziegenhaar), mit leichter Unterwolle.
Fehler: nicht genügend trocken, leicht gelockt, fehlende Unterwolle.
Für eine Zuchtzulassung in letzterem Fall für sechs Monate zurückstellen. Zu kurzes Haar, feines Haar.
Disqualifikation: Haar kürzer als 7 cm, weiches oder wolliges Haar.

Farbe: Alle einheitlichen Farben, mit Ausnahme der untenstehend aufgeführten, sind zugelassen. Die dunklen Farben sind vorzuziehen. Nicht als Zweifarbigkeit anzusehen ist ein leicht hellerer Farbton an den Haarspitzen, dies ist nichts anderes als ein Beginn der Depigmentierung. Eine solche Farbe muß, nur ein wenig heller, im selben Farbton sein (dunkles Fauve auf hellem fauve, dunkles Schwarz auf ausgewaschenem Schwarz, dunkles Grau auf hellem Grau etc.). Das Fauve muß warm und einheitlich sein, weder hell noch ausgewaschen.
Fehler: Schwarz mit zuviel rötlichem Schimmer, nicht genügend warmes Fauve, weißer Brustfleck.
Zu stark charbonniert, an der Grenze zu einer Mantelbildung. Sehr helles oder ausgewaschenes Fauve.

Disqualifikation: die Farben Weiß, Kastanien- und Mahagonibraun, Bicolore, weißer Bruststreifen, weiße Haare an den Zehenspitzen, Fauve mit charbonniertem Mantel, zu helle Farbe.
Anmerkung: Beim Bicolore ist auf die Hautfarbe zu achten, die im Bereich der dunklen Partie bläulich und im Bereich der hellen Partie rosa ist.

Afterkrallen: doppelte Afterkrallen an den Hinterläufen. Hunde, selbst von sehr gutem Typ, die nur eine Afterkralle aufweisen, können nicht prämiert und nicht zur Zucht zugelassen werden. Die doppelten Afterkrallen müssen aus zwei knochigen Teilen mit Nagel bestehen, so nah wie möglich am Boden angesetzt sein, um so eine bessere Auflage des Fusses zu gewährleisten.
Fehler: zu hoch angesetzt (auf halber Höhe des Hintermittelfusses), Fehlen von zwei Zehennägeln. Fehlen eines Knochens in einer doppelten Afterkralle.
Disqualifikation: einfache Afterkrallen, Fehlen der doppelten Afterkralle. Fehlen von zwei Knochen in einer Afterkralle, auch wenn die Zehennägel vorhanden sind. Fehlen eines Knochens in jeder einzelnen Kralle einer doppelten Afterkralle, auch wenn die Zehennägel vorhanden sind.

Anmerkung: Rüden müssen zwei offensichtlich normal entwickelte Hoden aufweisen, die sich vollständig im Skrotum befinden.

****

Beschluss der FCI vom 31.5.1994:
«Bei der Beurteilung von Hunden einer Rasse, bei welcher bis anhin Ohren und/oder Rute kupiert wurden, soll von nun an an allen Ausstellungen (nationalen-, internationalen- und Weltausstellungen), da in verschiedenen Ländern diese Eingriffe gesetzlich verboten sind, die Tatsache, ob Ohren oder Rute kupiert sind oder nicht, die Formwertbeurteilung in keiner Weise beeinflussen. Die Beurteilung berücksichtigt jedoch gut oder schlecht kupierte Ohren, standardgerechte oder fehlerhafte natürliche Ohren, gut oder schlecht kupierte Ruten und standardgerechte oder fehlerhafte natürliche Ruten.»

1983 Kommentar des «Club des Amis du Briard» zum Standard
Wichtige Punkte müssen zur Zeit berücksichtigt werden:
Der Charakter: Unser Briard muß die Charaktermerkmale eines echten französischen Hirtenhundes haben, das heißt ausgeglichen, weder aggressiv noch ängstlich. Er muß gefestigt und seine Reaktionen gesund sein. Unter Berücksichtigung der Umwelteinflüsse muß er aufmerksam und wachsam sein, dabei gleichwohl umgänglich.
Das Haar: die Beschaffenheit des Fells ist ein wichtiger Faktor für die Zukunft unserer Rasse, denn eine zu zeitaufwendige Fellpflege stösst viele Interessenten ab. Nur ein vollkommenes Fell ist in der Pflege nicht so aufwendig. Das Haar des Briard muß dicht und geschmeidig sein und unter den Fingern knirschen. Es ist leicht gewellt und an seiner Basis mit einer leichten Unterwolle versehen. Das Fell ist durchaus mit dem Dach eines Hauses vergleichbar; es muß also von ausgezeichneter Qualität sein, um den Hund vor den Unbilden der Witterung zu schützen.

Kommentar zum Standard
Der Standard fordert, daß die Augen von den Augenbrauen leicht verschleiert werden, dies

Briard, fauvefarben

dient dem Schutz der Augen und wirkt wie ein Vorhang.

Durch unvernünftige Selektion auf überreichliches Haarkleid («Schönheit») trifft man heute viele Briards, die wegen der dichten Kopfbehaarung fast nichts mehr sehen, was dem Hund im täglichen Leben Probleme bereitet und negative Erfahrungen beschert, wie zum Beispiel das Übersehen von Hindernissen (Glastüren). Vielleicht erscheinen aus diesem Grund einige Rassevertreter etwas schreckhaft und unsicher. Nicht wenige Besitzer stecken deshalb dem Hund die Haare hoch oder kürzen sie sogar.

Die meisten Briards sind schwarz oder fauve. In Amerika (American Kennel Club) sind auch schwarz-brandfarbene Hunde anerkannt, die vom FCI-Standard nicht toleriert werden. Weiters gibt es zwei Arten grauer Briards, schwarz geborene, welche mit zunehmendem Alter zu Grau aufhellen und solche die grau geboren werden. Letztere können genetisch bedingt kein schwarzes Pigment im Körper bilden und haben deshalb auch niemals die vom Standard geforderte schwarze Nase. Im ersten Lebensjahr ist ihr Fell meist deutlich kürzer als das der andersfarbigen Hunde. Trotzdem werden sie wegen ihrer grauen Farbe von einigen Züchtern mit besonderer Aufmerksamkeit verwöhnt und wurden auf Ausstellungen schon mit höchsten Auszeichnungen bedacht.

Akribisch beschreibt der Standard jede mögliche und unmögliche Ausbildung der Afterkral-

Briard, unkupierte Ohren

len, während die Bewegungen nur als lebhaft und aufgeweckt bezeichnet werden und sonst das Gangwerk mit keinem Wort Beachtung findet. Bedenkt man, daß der Briard als gebrauchstüchtiger Schäferhund täglich Dutzende von Kilometern zurückzulegen hatte, ist dieses Versäumnis unverständlich. Vom ursprünglichen Gebrauch des Briards läßt sich ableiten, daß die Bewegungen kraftsparend und ausdauernd sein müssen. Dies wird erreicht durch einenharmonischen Körperbau, gute Bemuskelung und den sich entsprechenden Winkelungen der Vorder- und Hintergliedmaßen.

Die häufigsten Fehler sind:

- nervöse Hunde mit angstbedingter Aggressivität
- unproportioniert kleiner Kopf, zu stark ausgeprägtes Hinterhauptbein
- zu stark abfallende Kruppe
- stark ausgedrehte Vorder- und Hinterpfoten
- zu kurze Rute
- übertrieben reichliche Behaarung, zu wolliges Haar
- zu helles, bleiches Fauve
- schwarze Farbe mit rotem Anflug

Charakter und Eignung

Der Briard ist ein sehr attraktiver, imposanter Hund und hat nicht zuletzt aus diesem Grund viele Freunde gewonnen. Entsprechend stark entwickelte sich das Zuchtgeschehen. Während des «Briard-Booms» achteten viele Züchter zu wenig auf den Charakter und die ursprünglichen

Kinderfreundlichkeit will gelernt sein – Foto: L. Ozimek

Gebrauchshundeeigenschaften. Viele Liebhaber kaufen sich den Briard wegen des schönen Aussehens und sind mit dem großen Temperament der Hunde überfordert. Nicht als Statussymbol, sondern als Familienmitglied gehalten, entwickelt er sich zum aufmerksamen und liebevollen Begleiter.

Als guter Wachhund macht er nur dann von seiner Stimme Gebrauch, wenn es notwendig ist. Trotz seiner Größe und reichlichen Behaarung kann er auch in der Wohnung gehalten werden, wenn ihm ausreichend Auslauf geboten wird. Der Briard will beschäftigt sein und ist immer noch ein vielseitiger Gebrauchshund: Er wird mit Erfolg als Rettungshund ausgebildet und oft in den verschiedenen Hundesportdisziplinen geführt.

Berger Picard (Picard)

Geschichte und Herkunft

Zur Geschichte und Herkunft des Berger Picard gibt es nur wenig konkrete Überlieferungen und Berichte. Namentlich wird die Rasse erst Ende des vorigen Jahrhunderts erwähnt. Trotzdem kann davon ausgegangen werden, daß der Ursprung dieser Rasse weiter zurückliegt.
1786 wurde die berühmte Schäferei in Rambouillet gegründet und hier findet sich ein Gemälde des ersten Schäfermeisters Delorme (Dienst von 1786 bis 1830), den ein rauhhaariger stehohriger Schäferhund begleitet, der durchaus Ähnlichkeit mit einem Berger Picard hat.
1866 erwähnte A. Benion in *«Les races canines»* den *Berger Bleu de Picardie* und den *Berger Picard à poil dur.*
1898 nannte Pierre Mégnin erstmals die «Rasse der Picardie» aus dem Norden Frankreichs. Ein Jahr später wurden in Amiens zwölf Berger Picards ausgestellt. Als Richter amtierte E. Boulet, der Präsident des «Club des chiens de berger français», der die Anerkennung der Rasse verweigerte.
1900 beschrieb Pierre Mégnin in *«Le chien et ses races»* den Rüden Tambour im Besitz von Emile Bedut: «Ein Hund mit kurzem Fell, schwarzer, rot gesäumter Decke, an der Unterseite und an den Pfoten weiß, ein Streifen auf der linken Schulter und der Schwanzspitze. An beiden Hinterpfoten Afterkrallen. Schulterhöhe 55 cm. Länge von der Nase bis zum Rutenansatz 95 cm.»
1904 Paul Mégnin: *«Le chien de Berger Picard.* Er wurde oft mit dem Beauceron verwechselt; er

Chien de Berger Picard (Bylandt, 1924)

unterscheidet sich durch die Länge des Haares, welches immer kurz und dreifärbig ist. Der Mantel ist schwarz, die Unterseite, Läufe, die Spitze der Rute, die Halskrause und das Vorderteil des Fanges sind weiß mit Lohfarbe eingesäumt, manche sind völlig weiß. Es ist ein sehr rustikales Tier, hart bei der Arbeit, unermüdlich.
Seine Aufgabe besteht darin, die Herden der Landwirtschaftszentren zu den Märkten zu führen.»
Diese und die meisten folgenden Beschreibungen des Picards bis 1922 waren sich ziemlich ähnlich und beschrieben die als *Berger Bleu de Picardie* bekannte Rasse, die es heute nicht

mehr gibt und die recht unterschiedlich zum heutigen Typ des *Berger Picard* war.
1912 wurde von R. Fontaine und C. Tournemine ein erster Standard aufgestellt, der definitiv auf der Hundeausstellung in Lille im Jahre 1920 bestätigt wurde.
Mit der Nummer LOF 26734 wurde die Hündin «Sline», geworfen 11.10.1920, Züchter Moreau, als erster Picard ins französische Hundezuchtbuch eingetragen.
Die erste ausführliche und dem heutigen Typ nahe kommende Beschreibung gab L. de Lajarrige in der Sonderausgabe *«Le Parfait Eleveur»* der Zeitschrift *«Vie à la Campagne»* vom 15. Juni 1922:

Ulphe (Vie à la Campagne, 1922)

«Der BERGER PICARD
Intelligent, sehr rustikal, sehnig, unermüdlich, gelehrig, ein ausgezeichneter Helfer für die Herdenarbeit. Der *Chien de Berger de Picardie* ist ein Tier von mittlerer Größe, stark, muskulös, einfarbigem Fell, variierend von hellfauve zu grau-schwarz. (...) Man würde sehr weit zurückgehen müssen, sagt Hr. Tournemine, um den Ursprung des *Chien de Berger de Picardie* zu finden. Er existiert schon sehr lange im Norden, in Pas-de-Calais und in Somme, und man kann nicht genau nachweisen wie er entstanden ist, aber er stammt wohl aus dieser Gegend und ist der älteste rauhhaarige Schäferhund. (...) *Wichtige Sieger:* Raton – der schönste zu dieser Zeit bekannte Hund, geboren am 8. August 1917, vier erste Preise, vergiftet von den Deutschen. *Ayrza* – den Krieg überlebende Hündin, aber jetzt älter als zehn Jahre und ohne bekannte Nachkommenschaft. *Cora* – im Krieg gestorben. (...) Der *Berger Picard* wird als Hüter der Herde verwendet, wie alle anderen Schäferhunderassen. Der Hütetrieb ist ihm angeboren und er hat eine gute Nase. Seine Behaarung schützt ihn sehr wirksam gegen die Unbilden der Witterung, die er ertragen muß, wie geschaffen für seine Tätigkeit, die er zu erfüllen hat. Zusätzlich zu seiner Widerstandsfähigkeit ist er stark und kräftig, widerstandsfähiger als einige Exemplare der belgischen Rasse. Er ist auch ein ausgezeichneter Wächter und geeignet für die Verteidigung. Wie ein Luxushund hat auch der *Berger Picard* eine gute Bindung zu seinem Herrn. Er hat manchmal einen etwas schwierigen Charakter, der es nicht erlaubt, ihn ständig im Haus zu halten, wie man es mit vielen anderen Rassen machen kann, denn er wurde nie dafür gezüch-

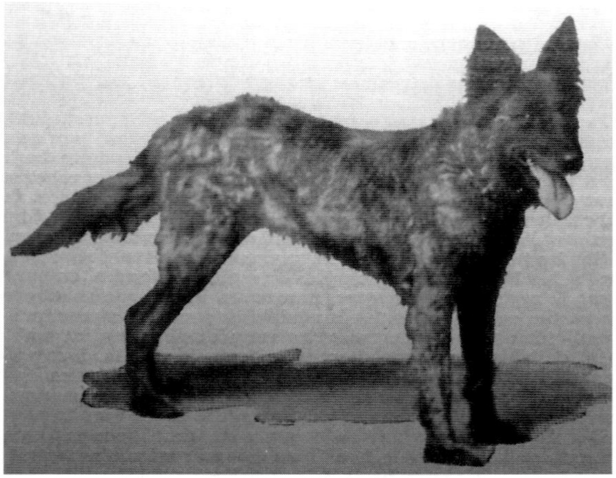

Chien de Berger Picard («Larousse agricole», 1921)

tet. Die Widerstandsfähigkeit dieses Schäferhundes macht die Zucht einfach, schließt jedoch nicht die Bemühungen aus, die jede Zucht erfordert. Für die Zucht ist es wichtig, Exemplare mit typischem Picard-Kopf hervorzubringen, er ist ein richtig französischer Hund, dumm jeder, der in einigen Punkten Annäherung mit dem belgischen oder deutschen Schäferhund sucht. Man kann auch die Aufmerksamkeit auf das Fehlen der Afterkrallen lenken. Die Afterkrallen haben für den Picard kein anderes Ergebnis gebracht, als für die Bewegung hinderlich zu sein.»

1925 schreiben G. Lavielle und V. Tournemine in *«Le chasseur Français»:*

«Wir haben erfahren, daß in der nördlichen Region Frankreichs, die an Flandern grenzt, viele Liebhaber unsere französischen Schäferhunde – die aus der Picardie stammen – mit dem Bouvier des Flandres verwechseln, dessen hartes Haar im Flämischen «Pic hard» genannt wird. Deshalb, um eine unangenehme Namensverwechslung zu vermeiden, deren Folgen sich verhängnisvoll auf die guten Zuchtvorsätze einer großen Anzahl von unerfahrenen Liebhabern auswirken könnten, möchten wir über unseren echt französischen Picard sprechen. Seit langem hat sich allerdings niemand mit diesem Hund beschäftigt, der jetzt rustikal, einfach zu züchten und eher intelligent ist. Diese Eigenschaften sind nicht etwas, was während vier oder fünf Jahre von einigen überzeugten Züchtern mit ihren Bemühungen zur Rekonstruierung der Rasse erreicht wurde. Viel bleibt zu tun, um diese Varietät auf das gleiche Niveau der anderen Rassen heranzuführen, dies umso mehr, als der «Club Saint Hubert du Nord» und der «Club du Chien de berger de defense de Lille» ihm seit drei Jahren einen Platz auf ihren Ausstellungen reserviert haben.

Die Société Centrale ignoriert ihn weiterhin, solange die Exemplare nicht einheitlich genug sind, um einen endgültigen Standard festzusetzen, über den sie entscheidet. Diese Rasse stammt unbestritten aus der Picardie, aus dem Norden der Picardie, denn noch heute findet man viele dieser Hunde in Händen von Schäfern, die über picardisches Gebiet ziehen bis fast an die belgische Grenze.

Paul Mégnin spricht mit berechtigtem Grund davon, daß der Ursprung dieser Rasse unglücklicherweise gleich wie beim Briard betrachtet werden kann und besonders, daß einige unüberlegte Vermischungen mit anderen bekannten Rassen (Beaucerons und Bouviers) gemacht wurden.

(...) Wir konnten einige alte Stiche sehen (weidende Herden in der Gegend von Artois), wo die Hunde fast alle von ungefähr gleicher Größe sind wie die Schafe, diese messen ungefähr 65 – 70 cm am Widerrist, diese Größe stimmt auch mit den von Pierre Mégnin überlieferten Maßen überein. Die Behaarung ist lang, aber flach, soweit dies eine Zeichnung zeigen kann, der Kopf

ist keilförmig, die Ohren groß und aufrecht getragen, ohne Zeichen eines chirurgischen Eingriffs, die Rute herabhängend und befranst. Diese Hunde zeigen sich ohne Schnurrbart. Es scheint uns, daß es sich dabei wirklich um den Berger de Picardie handelt, umsomehr, als das Bild genau das wiedergibt, was heute als Standard angesehen wird. Die Rasse ist zur Zeit fast ganz vergessen, weil die guten Exemplare über ein weites Gebiet verstreut sind und besonders, weil sie im Besitz von Schäfern sind, die sich recht wenig um die Erhaltung der Rasse kümmern. Ohne einen Standard zu erstellen, soll es uns hier erlaubt sein, eine Andeutung der Ergebnisse von Nachforschungen wiederzugeben, die von einigen leidenschaftlichen Liebhabern angestellt wurden.
Es war möglich, mehr als 300 Hunde zu sehen, die alle – ohne vollkommen zu sein – ein ähnliches Aussehen hatten und eine unleugbare Einheitlichkeit aufwiesen. Gewiß, der Stein des Anstoßes der heutigen Liebhaber ist die große Anzahl von Exemplaren, die kein besonderes Merkmal der Rasse aufweisen und die von Leuten, die nichts davon verstehen, schamlos als Picard bezeichnet werden. Darum hoffen wir, einen Beitrag zu leisten, wenn wir die gemachten Beobachtungen wiedergeben. Insgesamt soll der Berger Picard ein imposanter und durch seine Größe Zuverlässigkeit ausstrahlender Hund sein. Alles an ihm hinterläßt einen Eindruck von Schlankheit und mäßiger Eleganz bei einem durch sein rauhes Haar bedingten, rustikalen Aussehen. Der Ausdruck soll gutmütig und liebevoll sein und niemals dürfen die Augen Bösartigkeit ausdrücken. Die Rasse ist zur Zeit mehr oder weniger degeneriert, man findet ziemlich selten Exemplare mit einer Schulterhöhe von 70 cm. Als Mindestgröße soll für Rüden 65 cm, für Hündinnen 60 cm betrachtet werden.

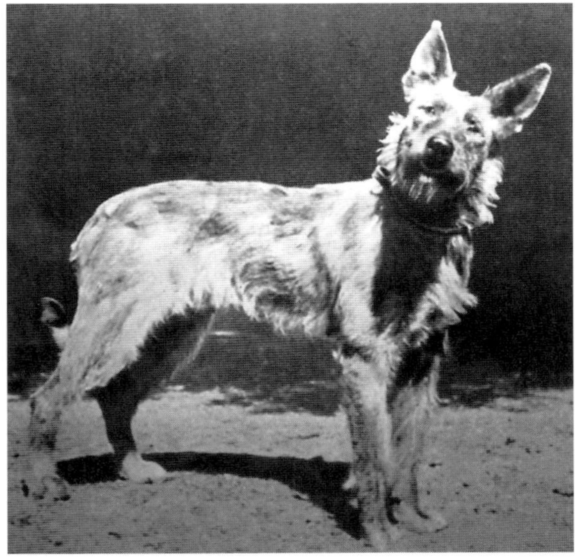

Berger Picard (um 1950)

(...) Es ist ähnlich mit dem Gewicht, man rechnet ungefähr die Hälfte der Höhe des Tieres, 35 kg für Rüden, 30 kg für Hündinnen im vorliegenden Fall. Diese Kennzeichen sollen dem Picard eine geschmeidige und ungezwungene Gangart verleihen. Um die Rasse zu regenerieren, muß der Picard arbeiten, auch harte Arbeit wie gelegentlich das nächtliche Bewachen der Herde; dafür ist ihm von Mutter Natur ein starkes Fell mitgegeben, das ihn vor allen möglichen Unbilden der Witterung, die es zu ertragen gibt, schützt; das Haar soll hart sein, unter den Fingern knirschen und flach wie bei einer Ziege fallen oder leicht gelockt sein und einen etwas abstehenden Eindruck erwecken.»
Am 21.1.1925 erkannte der «Club Français du Chien de berger» den Berger Picard als eigenständige Rasse an und die Anerkennung durch die Société Centrale Canine erfolgte im gleichen Jahr.

Beschreibung / Standard

Derzeit gültiger, offizieller Standard der F.C.I. in deutscher Sprache, Stand Oktober 1997

Fédération Cynologique Internationale
Standard Nr. 176 / 22.07.1993 / D

PICARDIE SCHÄFERHUND
(Berger de Picardie)

Übersetzung: Christian Janes
Ursprung: Frankreich
Datum der Publikation des gültigen Originalstandards: 31.10.1964
Klassifikation FCI: Gruppe 1: Hütehunde und Treibhunde (ausgenommen Schweizer Sennenhunde)
Sektion 1: Schäferhunde mit Arbeitsprüfung

Allgemeines Erscheinungsbild: Hund von mittlerer Größe, Aussehen rustikal, aber elegant in seinen Formen, kräftig, gut bemuskelt und gebaut. Gesichtsausdruck intelligent, lebhaft, aufgeweckt, gekennzeichnet durch griffonähnliches Aussehen.

Größe: Rüden von 60 – 65 cm
Hündinnen von 55 – 60 cm

Fehler: bis zu 2 cm über dem Maximum.

Ausschließende Fehler: unter dem Minimum, auch in der Jugendklasse. Mehr als 2 cm über dem Maximum.

Kopf: nicht massiv, soll proportioniert zur Größe sein. Sehr leichter Stop, in gleichem Abstand zur Nasenspitze wie zum Hinterhaupthöcker. Schädel ziemlich breit, ohne Übertreibung. Haar ungefähr 4 cm. Augenbrauen gut markiert, jedoch nie die Augen verschleiernd.

Fehler: Stop zu ausgeprägt oder zu gering; Haar zu kurz oder zu lang. Augenbrauen fehlend oder zu stark ausgeprägt.

Ausschließende Fehler: Mangel an Typ, unproportioniert, zu schwach oder zu stark behaart.

Stirn: von vorne gesehen soll sie nicht zu flach sein, sondern leicht gewölbt, mit leichter Stirnfurche.

Fehler: nicht genügend oder zu sehr gewölbt, Furche zu ausgeprägt.

Ausschließende Fehler: Schädel flach oder kuppelförmig, fliehende oder zu steil abfallende Stirn.

Wangen: sollen nicht zu stark ausgebildet sein, aber ohne flach zu sein, sollen sie eine gewisse Rundung zeigen. Hinter den Wangen hat das Haar die gleiche Länge wie das des Körpers.

Fehler: Wangen zu ausgeprägt, schlaff oder Mangel an Muskeln.

Fang: kräftig und nicht zu lang, darf nicht spitzig enden; Nasenschwamm immer schwarz. Lippen trocken und gut anliegend. Der Nasenrücken ist gerade. Leichter Schnurr- und Backenbart.

Fehler: Fang zu lang, schmal oder zu stark, spitzig oder zu rechteckig. Nase schmal, teilweise fleischfarbig, dicke Mundwinkel, dicke Unterlippen, Nasenrücken gewölbt. Mangel an Schnauz- und Backenbart. (Das Kopfhaar muß ungefähr 4 cm lang und der Schnauz- und Backenbart deutlich sein).

Ausschließende Fehler: unproportioniert zum Schädel. Lefzen hängend. Nase von anderer Farbe als schwarz, Depigmentierung der Schleimhäute.

Picard, sechs Monate alt

Kiefer: mächtig, sich hermetisch schließend, ohne Vor- oder Rückbiß.
Fehler: sehr leichter Vor- oder Rückbiß. Bei Fehlen von zwei Prämolaren weder CAC noch ResCAC, bei Fehlen von vier Prämolaren kein Vorzüglich; kariöse Zähne je nach Wichtigkeit, abgebrochene oder gekappte Fangzähne.
Ausschließende Fehler: Fehlen von mehr als vier Zähnen, ausgeprägter Vor- oder Rückbiß.
Ohren: von mittlerer Größe, breit an der Basis, ziemlich hoch angesetzt; die Basis erinnert an das Schafsohr; von Natur aus immer aufrecht getragen, die Spitzen leicht gerundet; leicht divergent getragene Ohren werden toleriert; Länge 10 cm, nie mehr als 12 cm bei einem maximal großen Rüden.
Fehler: Ohren zu groß oder an die Ohren des belgischen Schäferhundes erinnernd, zu tief angesetzt oder zu nah beieinander stehend.
Ausschließende Fehler: Ohren nicht korrekt getragen.
Augen: von mittlerer Größe, nicht hervorstehend, von dunkler Farbe, weder helle Augen noch Glasaugen. Färbung der Iris mehr oder weniger dunkel je nach Fellfarbe (auf jeden Fall nie heller als nußbraun).
Fehler: alles, was nicht mit der Beschreibung übereinstimmt.
Ausschließende Fehler: Glausaugen, schräg eingesetzte, ungleiche Augen. Farbe zu hell.
Ausdruck: der Ausdruck soll weder bösartig noch mißtrauisch sein.
Ausschließende Fehler: scheuer Ausdruck, fliehender Blick.

Hals: kräftig und muskulös, von guter Länge, in der Bewegung aufgerichtet und gut von den Schultern abgesetzt, Kopf stolz getragen.
Fehler: Hals lang und schmal, kurz und dick, unvermittelt aus den Schultern heraustretend; schlaffe Haut.

Körper: Brust tief ohne Übertreibung. Die Brust darf nicht tiefer als bis zu den Ellbogen hinabreichen. Der unmittelbar hinter den Ellbogen gemessene Brustumfang muß die Widerristhöhe um 1/5 übertreffen. Die Körperlänge übertrifft nur wenig die Widerristhöhe. Rücken gerade, Lenden solid. Rippen im oberen Drittel gut gebogen, dann abflachend bis zum Brustbein. Bauch leicht aufgezogen. Die Kruppe geht allmählich in den hinteren Teil der Schenkel über. Knochenbau sichtbar ohne Übertreibung.
Fehler: je nach Stärke des Mangels. Körper zu schwer oder zu leicht, zu lang, zu hochbeinig oder zu bodennah. Rippen zu flach oder zu rund. Bouvierartige Konstruktion. Kruppe zu gerade oder stark abfallend.
Ausschließende Fehler: die genannten Fehler zu ausgeprägt.

Rute: behaart, Haarlänge wie das Körperhaar. In Ruhestellung muß die Rute die Sprunggelenke erreichen und gerade nach unten hängen mit leichter Krümmung am Ende, in Aktion kann die Rute etwas höher getragen werden, ohne jemals über dem Rücken getragen zu werden.
Fehler: Rattenschwanz oder zu behaart; zu kurz, abgewinkelt, schlecht getragen.
Ausschließende Fehler: ständig auf dem Rücken getragen, tief getragen aufgrund einer Operation (Durchtrennung der Muskel); Stummelrute oder fehlend.

Vorderhand: Schultern lang und schräg, geben eine große Leichtigkeit in der Bewegung, muskulös ohne Schwere; die Läufe sind gut senkrecht gestellt. Trockener Knochenbau. Gelenke markiert ohne den Eindruck einer Mißbildung zu erwecken. Vordermittelfuß von hinten nach vorne leicht geneigt, um den Läufen Geschmeidigkeit zu geben und ein plötzliches Anhalten zu erleichtern.

Fehler: Schultern zu lang (windhundartig) oder zu steil (bouvierartig), schmal oder schwer, lose oder die Bewegung lähmend; Knochenbau dünn oder zu stark; Vorderfußwurzelgelenke schwach oder aufgetrieben (knotenartig). Vordermittelfuß zu gerade oder zu geneigt, durchgetreten.
Ausschließende Fehler: die genannten Fehler zu ausgeprägt.
Hinterhand: Keulen lang und gut bemuskelt. Kniegelenk stark; die Hinterhand des Hundes soll weder steil noch zu stark von hinten nach vorne schräg stehen, weder eng noch zu breit sein. Es darf keine Disharmonie zwischen Keulen und Kruppe geben, das Ganze muß in einer angenehmen Kurve verschmelzen.
Läufe solid, die Hinterhand ohne Schwäche tragend, aber mit Elastizität. Knochenbau ausgeprägt aber ohne Übertreibung. Sprunggelenke mittelmäßig gewinkelt, weder zu faßbeinig noch zu eng gestellt, nicht zu hoch angesetzt; eine gute Sprunggelenkwinkelung ist bei unserem Berger unbedingt notwendig. Hintermittelfuß robust und trocken, senkrecht zum Boden; wenn der Hund steht, Hinterläufe senkrecht – von jeder Seite gesehen.
Fehler: je nach Wichtigkeit des Mangels.
Ausschließende Fehler: Hinterhand insgesamt fehlerhaft.

Pfoten: gerundet und kurz, gut geschlossen, gewölbt; Nägel stark und kurz, von dunkler Farbe. Weder Afterkrallen noch zusätzliche Zehen. Ein Hund mit Afterkrallen wird nicht disqualifiziert, aber bestraft. Ballen fest, mit einer gewissen Elastizität, da der Ballen ein Fußkissen ist, das einen Teil des Stöße auffangen soll.
Fehler: Strafe je nach Mangel.
Ausschließende Fehler: doppelte Afterkrallen an allen vier Läufen.

Haar: hart, halblang, nicht gelockt, nicht flach, muß rauh sein und unter den Fingern knirschen. Die Länge beträgt 5 bis 6 cm auf dem ganzen Körper einschließlich der Rute. Unterwolle fein und dicht.
Fehler: Haarlänge unter 4,5 cm, nicht rauh genug, Tendenz zu flachem oder gekräuseltem Haar.
Ausschließende Fehler: Haarlänge unter 4 cm oder über 6 cm, gelockt oder sehr flach, weich oder wollig.
Farben: Grau, Grau-Schwarz, Grau mit schwarzem Widerschein, Grau-Blau, Grau-Rot, Hell- oder Dunkelfalb oder die Mischung dieser Farben. Kein großer weißer Fleck erlaubt, ein kleiner weißer Fleck ist auf der Brust und den Pfotenspitzen erlaubt.
Fehler: großer weißer Brustfleck (Schürze); weiß an allen Zehen.
Ausschließende Fehler: Schwarz, Weiß, Harlekin, gescheckt, zuviel Weiß an der Brust, Pfoten ganz weiß, Weiß im Haarkleid an oben nicht genannten Stellen.

N. B.: Rüden müssen zwei sichtlich normale Hoden aufweisen, die sich vollständig im Skrotum befinden.

****

Kommentar zum Standard
Im offiziellen Standard wird auf die Bewegung nicht genauer eingegangen. Sie ergibt sich aus dem harmonischen Körperbau und der korrekten Stellung und Winkelung der Läufe. Der Berger Picard bewegt sich mit großer Leichtigkeit, schwungvoll, raumgreifend und regelmäßig.
Der Berger Picard ist der seltenste unter den französischen Schäferhunden, seit jeher stand er im Schatten seiner populären Verwandten Briard und Beauceron.

Picards, hell- und dunkelfalb

«Um den Picard zu verstehen, muß man die Menschen seiner Heimat kennen: Hart zu sich selbst, rauh und abweisend gegen alles Fremde und Neue, geprägt von sturer Beharrlichkeit und einer gewissen Langsamkeit im Denken – diese Eigenschaften kennzeichnen auch die Hunde.»

Der Berger Picard verhält sich Fremden gegenüber abweisend, ohne böse zu sein; er ist sehr wachsam aber kein Kläffer.

Er ist ein Hund, der nicht unbedingt auf den ersten Blick auffällt, aber es lohnt sich, ihn genauer kennenzulernen. Charakteristisch sind seine Natürlichkeit und seine rustikale und gleichzeitig doch elegante, einfache Erscheinung ohne jegliche Übertreibung. Er verkörpert den ursprünglichen Typ des Herden-Arbeitshundes.

Die treffendste Beschreibung des Picard-typischen Wesens stammt vom bekannten Züchter J. Cotté Ende der 40er Jahre:

Seinem Herrn ist er treu ergeben und ein wenig sensibel. Um bei der Erziehung erfolgreich zu sein, bedarf es viel mehr Geduld, Einfühlungsvermögen und Konsequenz als Strenge. Der Picard ist kein zackiger «Befehlsempfänger», und ein Leben als perfekter Spitzen-Sporthund widerspricht seinem Naturell. Aber mit einem verständnisvollen Führer, der die typischen Wesenszüge akzeptiert und vielleicht sogar liebt, kann der Berger Picard vielen verschiedenen Aufgaben gerecht werden.

Berger des Pyrénées

Geschichte und Herkunft

Die schriftlichen Hinweise über die Geschichte und Herkunft des Berger des Pyrénées sind sehr spärlich. Die älteste zur Zeit bekannte bildliche Darstellung ist eine Litographie des 19. Jahrhunderts von A. Dartiguenave mit dem Titel «Costume des Pyrénées», die sich im Museum von Lourdes befindet und unter anderem einen kleinen, halblanghaarigen Berger des Pyrénées von typischer Erscheinung mit kupierten Ohren und langer Rute zeigt.

Anläßlich eines Vortrages im Jahre 1893 führte der französische Kynologe Pierre Mégnin in seinem Verzeichnis der französischen Schäferhunde auch den Berger des Pyrénées an und verfaßte kurze Zeit später die erste brauchbare Beschreibung, die sehr genau auf einen halblanghaarigen, kupierten und harlekinfarbenen Hund schließen läßt: «Der *Berger des Pyrénées* ist ein griffonähnlicher Hund mit wenig behaartem Kopf, einigen längeren Haaren über den Augen, weder Kinn- noch Schnauzbart. Dichtes Haar auf der Hinterhand, üppige Hosen, dichte Behaarung der Keulen. Gliedmaßen fast kurzhaarig, Pfoten breit, die Ohren stehen aufrecht; die Farbe ist silbergrau mit schwarzen Flecken, mit oder ohne Lohfarbe an den Pfoten. Die Augen sind häufig verschiedenfarbig, also mit hellblauer Iris.»

Ebenfalls ein harlekinfarbener Hund wurde 1904 von Paul Mégnin (Sohn von Pierre Mégnin) in seinem Buch *«Nos Chiens»* beschrieben:

«Le *chien de Berger des Pyrénées:* Dieser sieht aus wie ein Griffon mit nur halblang behaartem Kopf. Seine Farbe ist schiefergau mit schwarzen Flecken. Die Augen sind oft verschiedenfarbig. Er ist kürzer und noch muskulöser als der Beauceron oder der Briard und seine Füße sind charakteristisch, sie sind breit wie die Pfoten des Bären, gleich wie die Kruppe, die abgerundet ist. Alles in allem ein harter Bergbewohner, der zum Führen der Schafherden verwendet wird, welche – je nach Jahreszeit – im Sommer in den Bergen weiden und im Winter in die Ebene herunterziehen. Sehr mutig, fürchtet er sich nicht, Wölfe und selbst Bären anzugreifen. In der Region von Tarbes hüten die Pyrenäer nicht nur die Schafe, sondern auch Pferde auf der Weide und man muß gesehen haben, mit welcher Behendigkeit sie den Huftritten auszuweichen.

Berger des Pyrénées (Mégnin, 1904)

Man findet in den Alpen, in Graubünden und im Norden von Italien den gleichen Typ Schäferhund.»

In den Anfangsjahren des 20. Jahrhunderts war die Rasse schon recht bekannt und wurde mehr oder weniger rein gezüchtet. Der Ausbruch des 1. Weltkrieges machte fast alle Bemühungen zunichte und war ein schwerer Rückschlag für die Züchter der Rasse. Die Kommandanten des Kriegshundedienstes Malric und Leutnant Paul Mégnin hielten den Berger des Pyrénées begabt für den Dienst als Verbindungshund und auch als Begleiter der Patrouillen. Der Kriegshundedienst beauftragte den Offizier Th. Dretzen – einen Kenner der Schäferhunde – zu einer Reise in die Pyrenäen, um möglichst viele Hunde für den Kriegsdienst zu erwerben. Nach dem Krieg schrieb Th. Dretzen: «In meiner Eigenschaft als ehemaliger Offizier für die Abrichtung von Kriegshunden ist es meine Pflicht bekanntzugeben, daß es die Rasse des kleinen Berger des Pyrénées war, die sich im Dienst der Armee als Verbindungshund am intelligentesten, am schlauesten, am schnellsten und am geschicktesten erwiesen hat.»

«Chourette des Gaves» (Vie à la Campagne, 1922)

Auch Colonel Tolet, ein großer Liebhaber der Rasse, berichtete in der Zeitschrift *«L'esprit des Bêtes»* über die Verwendung des Berger des Pyrénées im Kriegsdienst: «Der Südosten lieferte auf Betreiben und der Aufopferung von Pierre Poey einige Hunderte *Berger des Pyrénées.*

(…) Unter allen waren in Frankreich die Labrits des Pyrénées unter den Besten, sie waren zahlreich in der Armee, mit vielen verschiedenen Fellen und Formen, aber alle intelligent, lebendig, pfiffig und bildeten eine unvergleichliche Elite von Kriegshunden.»

Pierre Poey, Präsident und Gründer des «Club du Chien de Berger des Pyrénées» und bekannter Züchter beschrieb in der Sonderausgabe *«Le parfait Eleveur»* der Zeitschrift *«Vie à la Campagne»* vom 15. Juni 1922 den Berger des Pyrénées sehr ausführlich, zutreffend und genau: «(…) Seit uralter Zeit besteht in der Gegend der Pyrenäen ein Hundeschlag, der eine gewisse Ähnlichkeit mit unseren alten Briards und Beaucerons hat, aber der von geringerer Größe ist, entsprechend der Anpassung an Boden und Klima. Diese Rasse hat ihre Eigenschaften bewahrt, trotz der unvermeidlichen Vermischungen. Sie wurde immer nach Arbeitseigenschaften ausgewählt und hat auf diese Art einen hohen Stand an Intelligenz behalten. Vor dem Krieg zahlreich in ihren Bergen, haben die *Labrits des Pyrénées,* eingezogen im November 1914, einen großen Tribut an ihr Land bezahlt und sind an der Front zu Tausenden ums Leben gekommen. Keine andere französische Rasse hat mehr Blutzoll bezahlt; keine andere war ausdauernder und intelligenter. Diese Eigenschaf-

«Marmot» (um 1932)

ten haben den *Chien de Berger des Pyrénées* aus dem Schattendasein geführt und ihm die Ausstellungstore geöffnet.
(...) Der *Berger des Pyrénées* ist immer wachsam; seine sehr lebhafte Intelligenz läßt ihn schnell die Gäste von den Hausbewohnern unterscheiden. Seine Aufmerksamkeit ist sprichwörtlich; seine Treue wird von keinem anderen Schäferhund erreicht; sein Scharfsinn und Begriffsvermögen und sein Geruchssinn erstaunen die aufmerksamsten Beobachter. Alles in allem, er ist der ideale Gefährte, der beste Wächter. Verwendet für das Hüten der Herden, entfaltet er dort eine ihm nicht zugetraute Kraft und eine große Sicherheit in der Durchführung. Ebenso mutig wie ein großer Schäferhund, gibt er gegenüber keinem Gegner nach. Während einiger Jahrhunderte nach Gesichtspunkten der Arbeit ausgewählt, ist er unter den Schäferhunden unanfechtbar einer der anpassungsfähigsten und intelligentesten. (...) Die Vererbung hat diesem Hund solche Fähigkeiten für die Bewachung des Gebirgsviehs gegeben, daß er keiner anderen Dressurmethode bedarf als der Ausbildung durch einen alten Hund. Der junge von drei bis sechs Monaten folgt dem alten Hund in allen seinen Bewegungen. Die Intelligenz des *Berger des Pyrénées* ersetzt alles, was an dieser Dressurmethode unvollständig ist.»
Besondere Verdienste um die Rasse, deren Anerkennung und Bekanntmachung hat sich Bernard Sénac-Lagrange erworben, der sich auch als Züchter und Richter einen Namen machte und größtes Augenmerk auf das Wesen und die Arbeitseignung des Hundes legte. Er schrieb 1923 in der Zeitschrift *«L'Eleveur»:*
«Dieser Hund existiert seit altersher in den Pyrenäen, die Beweise dafür gehen mehr als eineinhalb Jahrhunderte zurück und es scheint ein wirklich autochthoner Typ Hund zu sein. Er präsentiert sich als Schäferhund, der bei einem Minimum an Größe und Gewicht ein Maximum an Lebhaftigkeit aufweist. So wie er ist, zeigt dieser Hund einen perfekt an die Umwelt angepaßten Typ. Die Textur seines reichlichen Fells, wollig an der Basis und fester an der Spitze, ist so beschaffen, daß es einen Schutz gegen die Unbilden der Witterung und gegen tiefe Temperaturen darstellt. Seine Lebhaftigkeit erlaubt es ihm, seine schwierige Arbeit ohne Schwäche durchzuführen.
Durch seine geringe Größe und Genügsamkeit ist er billig in der Haltung. Unsere Schäfer in den Bergen wählen für alle Arbeiten kleine Hunde aus. An dem Tag wo der Pyrenäen-Schäfer kein Arbeitshund mehr sein wird, wird er den größten Teil seiner Persönlichkeit verlieren. Wenn die Arbeitsprüfung nicht in die Zucht integriert wird,

«Ezu Peter de Jerusalem»

verirren sich die Züchter mehr und mehr in der Willkür und die Rasse verliert die grundsätzlichen Eigenschaften des ursprünglichen Typs. «Außerhalb der Arbeit ist kein Heil!» Das soll, kurz und bündig, das Credo des echten Liebhabers sein. Die Abrichtung, die praktische Verwendung, in einem Wort die Arbeit ist unerläßlich für eine vernünftige Zucht.»

1926 wurde die Rasse von der Société Centrale Canine offiziell anerkannt und ein vorgelegter Standard genehmigt, neu war die Festlegung von zwei Schlägen, Lang- und Mittellanghaar unter der Bezeichnung «museau normal» und die kürzer behaarte Varietät unter der Bezeichnung «face rase».

1927 schrieb B. Sénac-Lagrange das Buch *«Le Chien des Pyrénées et le Chien de Berger des Pyrénées»,* auch bekannt unter dem Namen *«Annuaire 1927»,* wo der Pyrenäen-Berghund und der Pyrenäen-Schäferhund beschrieben werden: «In Wirklichkeit ist es die mündliche Überlieferung, die uns eine vollständige Dokumentation über den *Berger des Pyrénées* liefert. Im Winter erzählen die Söhne der Bergbewohner während der abendlichen Zusammenkünfte an den Feuerstellen gerne das, was ihnen ihre Väter erzählt haben und so erhalten sich die alten Überlieferungen und Bräuche. Einige sind erstaunt, daß beim Pyrénées keine vollständige Einheitlichkeit im Typ erreicht wurde. Was waren der Berger de Beauce und der Berger de Brie vor 50 Jahren, und wie sind sie heute?

Es ist in den Pyrenäen wie anderswo, nicht mehr und nicht weniger, aber ein Unterschied soll doch festgehalten werden, bewirkt durch die Anzahl der pyrenäischen Regionen, die auch unterschiedliche morphologische Eigenschaften bewirkten. Das erklärt sich durch die einstigen Kommunikationsschwierigkeiten zwischen den Bewohnern der pyrenäischen Täler. In jeder Gegend, abgeschieden von ihren Nachbarn, bildete sich durch ein gewisses Maß an Blutsverwandschaft eine eigene Varietät, oder einfacher, eine Familie von Hunden. In Ermangelung irgendeiner genauen Dokumentation entwickelte sich ein Typ, der sich durch seine Eigenschaften am echtesten und am besten an seine Umwelt angepaßt hatte.»

1931 schrieb der Chronist Béryl im Jahrbuch 1928–1931 des französischen Rasseclubs: «Kommen wir nun zur praktischen Seite: Die Schafhütewettbewerbe beweisen, daß sich die Arbeitsqualitäten unseres Bergers auf einem hohen Durchschnitt befinden. Das ist eine Feststellung, über die wir uns freuen sollten, denn es ist zu befürchten, daß sich eines Tages die geistigen Qualitäten der Arbeitsrasse verlieren, die Rasse ist dann nahe ihrem Untergang.»

In den folgenden Jahren wurde der Berger des Pyrénées von zahlreichen Autoren mehr oder weniger genau beschrieben, ohne aber viel Neues zu bringen. Abschließend ein ausgezeichneter Artikel von J. A. Sabouraud in *«La Vie Canine»* vom Februar 1960:

«Kennen Sie den Berger des Pyrénées?
Diese sehr alte Rasse ist als autochthon anzusehen. Früher hatte jedes Pyrenäental – aufgrund der Kommunikationsschwierigkeiten – seine eigene Varietät, die sich ein wenig von der der Nachbartäler unterscheidet. Der Berger *d'Arbazzie,* fast immer fauve, ist der echte Standardtyp. Der *Typ des Bagnères,* gewöhnlich grau, ist ein kleiner, lebhafter Hund. Er ist am Kopf stark behaart, reich an Haar, ein vorzüglicher Schäfer. Der *Berger d'Azun,* schwarz, ist ein kleiner Groenendael, bei der Herde weniger geschätzt, wegen seiner Neigung wegzulaufen. Der *Typ de Saint Béat* erinnert an den Bobtail, man findet ihn immer weniger. Die allgemeinen Eigenschaften der verschiedenen Lokalschläge sind gleich, das erlaubte auch die Erstellung eines einzigen Standards. Seit das Reisen einfacher ist, haben sich die verschiedenen Varietäten vermischt, das hat keine Veränderung des allgemeinen Typs nach sich gezogen, da die Nachkommen solcher Paarungen gewöhnlich ihren Vorfahren der einen oder anderen Varietät ähneln.
Dieser kleine Hund besitzt tatsächlich alle wünschenswerten Eigenschaften. Seine Reflexe sind unvergleichlich und besser als die aller anderen Rassen. Sein Gehorsam und seine Treue, seine Initiative, sein Urteilsvermögen und sein Gedächtnis lassen ihn nie im Stich. Er ist ein Schäferhund, Wachhund, Schutzhund, Polizeihund und jederzeit ein idealer Begleithund. Er tendiert dazu, nur einen Herrn anzuerkennen, dem er sich leidenschaftlich und einzig untergeordnet. Von «menschlicher» Intelligenz und Empfindsamkeit, versucht er im Blick seines Meisters zu lesen, um dessen Wünsche zu erfüllen. Seine Ergebenheit ist unbegrenzt, er gewöhnt sich an alles und seine Abrichtung ist ein wahres Vergnügen, nur wenige Menschen entwickeln ein gleiches Pflichtgefühl. Von großer Sauberkeit, kann und soll er immer als jederzeit treues und unbestechliches Familienmitglied betrachtet werden.»

«Niki» und «Noble Fleurette»

Beschreibung / Standard

Derzeit gültiger, offizieller Standard der F.C.I. in deutscher Sprache, Stand Oktober 1997

Fédération Cynologique Internationale
Standard Nr. 141 / 01.09.1997 / D

PYRENÄENSCHÄFERHUND
(Chien Berger des Pyrénées)

Übersetzung: Christian Janes

Ursprung: Frankreich

Datum der Publikation des gültigen Originalstandards: 30.07.1997

Verwendung: Schäferhund

Klassifikation F.C.I.: Gruppe I: Hüte- und Treibhunde (ausgenommen Schweizer Sennenhunde)
Sektion 1: Schäferhunde
Mit Arbeitsprüfung

Allgemeines Erscheinungsbild: Ein Hund, der bei einem Minimum an Größe und Gewicht ein Maximum an Lebhaftigkeit ausstrahlt. Ein stets aufmerksamer Ausdruck, eine pfiffige und mißtrauische Miene verbunden mit ausgesprochen lebhaften Bewegungen, verleihen diesem Hund ein charakteristisches unvergleichliches Benehmen.

Kopf:
Oberkopf:
Schädel: Der Schädel ist mäßig entwickelt, fast flach, mit leicht markierter Stirnfurche; er rundet sich harmonisch zu den Seiten hin ab; wenig ausgeprägter Hinterhauptstachel. Der vordere Teil verbindet sich in sanfter Neigung mit dem Fang. Der Kopf ist in seiner allgemeinen Erscheinung dreieckig und erinnert an den des Braunbären.
Stop: nicht sichtbar.

Gesichtsschädel:
Nasenschwamm: Der Nasenschwamm ist schwarz.
Fang: gerade, eher ein wenig kurz, überläßt dem Hirnschädel den überwiegenden Anteil des Kopfes, fein ohne Übertreibung, die Form eines Keils annehmend. Das Haar der Schnauze muß so sein, wie es unter «Haar» beschrieben ist.
Lefzen: Die Lefzen sind nicht dick, bedecken vollständig den Unterkiefer und zeigen keine sichtbaren Mundwinkel. Die Schleimhäute der Lefzen und des Gaumens sind schwarz oder stark schwarz markiert.
Zähne: Die Fangzähne sind stark; das Gebiß soll komplett sein. Die Zähne des Oberkiefers bedecken die des Unterkiefers, indem sie mit ihnen in Kontakt bleiben; Zangengebiß ist gestattet.
Augen: Schwarz geränderte Lider umschließen, unabhängig von der Fellfarbe, ausdrucksvolle Augen, die gut geöffnet und von dunkelbrauner Farbe sind. Sie dürfen weder vorstehend noch zu tiefliegend sein. Verschiedenfarbige Augen sowie Glas- oder Birkenaugen sind zugelassen für Hunde mit harlekinfarbenem oder schiefergrauem Fell, für welche sie fast immer charakteristisch sind.
Ohren: Die Ohren sollen ziemlich kurz sein, sind mäßig breit am Ansatz und nicht zu nah nebeneinander am höchsten Punkt des Schädels und nicht zu weit voneinander entfernt auf den Kopfseiten angesetzt. Sie sind in der Regel kupiert, jedoch nicht kupierte, richtig angesetzte Ohren sind nicht als Fehler zu betrachten. Bei gleicher Qualität ist ein Hund mit kupierten und gut getragenen Ohren vorzuziehen. Der untere Teil des natürlichen Ohres muß aufgerichtet und beweglich sein. Idealerweise soll das obere Drittel oder die Hälfte des Ohres nach vorn oder auf die Seite zurückfallen, wobei beide Ohren symmetrisch sein sollen.

Hals: eher lang, ziemlich bemuskelt, gut von den Schultern abgesetzt.

Körper: Die Knochensubstanz ist trocken.
Rücken: ziemlich lang, jedoch fest.
Lenden: kurz und leicht gewölbt; die Wölbung erscheint umso stärker, als die Behaarung des Hundes auf der Hinterhand und auf der Kruppe reichlicher ist.
Kruppe: eher kurz und ziemlich schräg.
Brust: Die mäßig entwickelte Brust reicht selten bis zu den Ellbogen; die Rippen sind leicht gewölbt.

Flanken: Sie sind nicht sehr tief.
Rute: gut befranst, nicht sehr lang, eher tief angesetzt, bildet an der Spitze einen Haken. Wenn der Hund aufmerksam ist, darf die Rute die Rückenlinie nicht übersteigen. Viele Hunde sind kupiert. Manche haben einen angeborenen Stummelschwanz, der nie kupiert wurde.

Gliedmaßen:
Vorderhand: trocken, sehnig, mit Haarfransen besetzt; Vorderfußwurzelgelenke gut markiert.
Schultern: ziemlich lang, mäßig schräg; die Kuppe des Schulterblattes hebt sich deutlich von der Rückenlinie ab.
Hinterhand: Die Winkelungen sind ziemlich geschlossen. Die Hunde mit halblangem Haar haben keine befederten Läufe.
Oberschenkel: stark bemuskelt, aber wenig herabgezogen.
Sprunggelenke: trocken, tief angesetzt, gut gewinkelt und manchmal etwas eng.
Afterkrallen: Die Hinterläufe können sowohl einfache als auch doppelte, oder gar keine Afterkrallen aufweisen. Die Afterkrallen sind ein altes Merkmal der Schäferhunderassen; daher sind Hunde mit Afterkrallen vorzuziehen.
Pfoten: trocken, ziemlich flach, betont oval. Die Ballen sind dunkel, die kleinen und harten Krallen sind mit Haar bedeckt, das auch zwischen den Zehen wächst.

Gangwerk: Im Schritt ist der Pyrenäen-Schäferhund infolge seines Körperbaues ziemlich kurztrittig.
Paßgang ist nicht zu bestrafen, aber es ist eine Gangart, die hauptsächlich von Herdengebrauchshunden während der Arbeit angenommen wird, um dem Schrittfall der Schafe zu folgen, oder am Ende eines Tages, wenn die Müdigkeit spürbar wird. Demzufolge hat der Paßgang im Ausstellungsring keine Berechtigung.
Der Trab, die bevorzugte Gangart unseres kleinen Schäferhundes, soll frei und kraftvoll sein; im kurzen Trab wird der Kopf leicht hoch getragen; im ausgreifenden Trab wird er in der Achse der Rückenlinie getragen; die Pfoten werden nie sehr hoch angehoben, der Gang ist fließend, er streift den Boden. Das korrekte, dem Auge gefällige Gangwerk ergibt sich aus der Harmonie der Winkelungen von Schultern und Hinterhand.

Haut: fein, bei allen Fellfarben oft mit dunklen Flecken marmoriert.

Haarkleid: Haar lang oder halblang aber immer dicht und fast flach oder nur leicht gewellt, dichter und wolliger auf der Kruppe und den Oberschenkeln. Seine Textur liegt zwischen Ziegenhaar und Schafwolle. Durch die Mischung von trockenem und wollenem Haar kann es bei gewissen Hunden auf Kruppe und Oberschenkel zur Bildung von Zotten kommen. Der Fang ist mit kurzem und weniger dichtem Haar bedeckt. Seitlich am Fang und auf den Backen ist das Haar von vorne nach hinten wie durch den Wind hochgeblasen. Die Augen müssen gut sichtbar bleiben und dürfen nicht vom Haar bedeckt werden.

Farbe: mehr oder weniger dunkles Fauve mit oder ohne eingestreuten schwarzen Haaren und manchmal etwas Weiß an Brust und Pfoten; mehr oder weniger helles Grau, oft mit Weiß an Kopf, Brust und Pfoten. Harlekinzeichnung in verschiedenen Tönungen. Schwarz sowie Schwarz mit Weiß markiert ist wenig verbreitet. Die reinen Farben werden bevorzugt.

Größe: Rüden: von 40 bis 48 cm
Hündinnen: von 38 bis 46 cm
Eine Toleranz von bis zu 2 cm mehr ist gestattet bei vollkommen typischen Exemplaren.

Fehler: Jede Abweichung von den vorstehenden Punkten muß als Fehler angesehen werden, dessen Bewertung in genauem Verhältnis zum Grad der Abweichung stehen sollte.
Allgemeines Erscheinungsbild: schwerfälliger Hund, ohne Lebhaftigkeit; dicke Muskulatur; gewöhnlicher Ausdruck; schlechtes Gangwerk, kurzer oder steppender Trab.
Schädel: Schädel spitzbogig; Stirn gewölbt; Kopf zu kurz, zu lang oder zu schmal; Stirnabsatz ausgeprägt; Haar zu reichlich, insbesondere wenn es die Augen bedeckt.
Fang: Fang quadratisch oder rechteckig; Fang zu lang oder zu kurz; Pigmentmangel; Haar zu reichlich, die Augen bedeckend (siehe unter «Haar»).
Augen: Augen zu klein, zu rund, hell oder mit verstörtem Ausdruck; depigmentierte Lider.
Ohren: Ohren zu tief angesetzt, schlecht getragen, dick, schwer, flach auf die Kopfseiten fallend. Ohren asymmetrisch getragen.
Hals: schlechter Übergang in die Schultern; Hals zu gedrungen oder zu schwach mit den Schultern verbunden, zu lang.
Körper: schwere Gesamterscheinung; quadratischer Hund; obere Linie horizontal; Karpfenrücken.
Rute: Rute schlecht getragen oder ohne Haken an der Spitze.
Vordergliedmaßen: doppelte Daumenkrallen; fehlerhafter Stand.
Schultern: Schultern zu steil oder zu kurz.
Hintergliedmaßen: ungenügend gewinkelte Sprunggelenke, Mangel an Geschmeidigkeit in den Gelenken.
Pfoten: dick; Katzenpfoten; Krallen lang, weiß.
Haar: Haar zu reichlich am Kopf, besonders wenn es die Augen verdeckt und am Fang einen übertriebenen Bart bildet, was eine Ähnlichkeit mit dem Griffon zur Folge hat. Schlechte Textur, lockig, gekräuselt.
Haarfarbe: zu zahlreiche und zu ausgedehnte weiße Abzeichen. Schwarz mit Brand an Kopf und Gliedmaßen («Rotstrumpf»).

Schwere Fehler:
Ohren: natürliche Stehohren.

Ausschließende Fehler:
Nasenschwamm: Nasenspiegel anders als absolut schwarz.
Gebiß: Vorbiß, Rückbiß. Augen: Augen verschiedenfarbig oder Glas- oder Birkenaugen bei Hunden, die weder harlekinfarben noch schiefergrau sind. Fleckig depigmentierte Augenlider.
Haarkleid: weiße Fellfarbe.
Größe: Größe außerhalb der festgesetzten Maße.

N. B.: Rüden müssen zwei offensichtlich normale Hoden aufweisen, die sich vollständig im Hodensack befinden.

****

Beschluß der FCI vom 31.5.1994:
«Bei der Beurteilung von Hunden einer Rasse, bei welcher bis anhin Ohren und/oder Rute kupiert wurden, soll von nun an an allen Ausstellungen (nationalen-, internationalen- und Weltausstellungen), da in verschiedenen Ländern diese Eingriffe gesetzlich verboten sind, die Tatsache, ob Ohren oder Rute kupiert sind oder nicht, die Formwertbeurteilung in keiner Weise beeinflussen. Die Beurteilung berücksichtigt jedoch gut oder schlecht kupierte Ohren, standardgerechte oder fehlerhafte natürliche Ohren, gut oder schlecht kupierte Ruten und standardgerechte oder fehlerhafte natürliche Ruten.»

Unkupierte Hündin

Ruten. Im Standard 1997 werden erstmals die am Hinterteil verzotteten Hunde beschrieben, in Frankreich sind sie bei manchen Züchtern ziemlich beliebt und diese Fellzotteln werden als «Cadenetten» bezeichnet. Die offizielle Bezeichnung für langhaarige und halblanghaarige Hunde ist «Berger des Pyrénées», in Frankreich ist für diese Hunde auch die Bezeichnung «Berger des Pyrénées à museau normal» (mit normalem Gesicht) oder «Berger des Pyrénées à poil long» (langhaarig).

Als häufigste Fehler finden sich:

Wagemutiger Berger des Pyrénées

Kommentar zum Standard

In der neuesten Standardfassung werden noch immer die an den Ohren kupierten Hunde vorgezogen, obwohl die FCI solche Regelungen bereits außer Kraft gesetzt hat. Im Bereich der Ohren ist interessant, daß natürliche Stehohren nun als schwerer Fehler betrachtet werden, während sie früher zur Disqualifikation führten.

Der Berger des Pyrénées ist eine Rasse mit großer Typenvielfalt; das ist vor allem in der Herkunft und Verwendung begründet und soll auch weiterhin so bleiben.

Für die Liebhaber, Züchter und Richter stellt sich daraus die Frage, wie der Idealtyp aussehen soll und die einzige richtige Antwort lautet: Es gibt nicht einen Idealtyp, sondern mehrere unterschiedliche, die gleichberechtigt sind. Natürlich sorgt das oftmals für Verwirrung und führt leider manchmal auch zur Auswahl nach sehr oberflächlichen Kriterien. Die für den Betrachter so unterschiedlichen Typen unterscheiden sich in erster Linie durch die Beschaffenheit und Menge des Fells, durch die Größenunterschiede, die vielen verschiedenen Farben, sowie kupierten oder naturbelassenen Ohren und

Berger de Pyrénées, fauvefarben – Foto: G. Nickel

- schmaler Kopf, runder Schädel
- runde Augen
- fehlende Zähne, nicht selten fehlende Schneidezähne ohne Lücke im Kiefer
- schlecht angesetzte und getragene Ohren
- gewölbter Rücken
- steile Hinterhand mit hohen Sprunggelenken
- gelocktes Haar, falsche Haartextur und -verteilung
- untypisches Gangwerk (trippelnd, steppend, zu wenig schwungvoll)
- Verzwergungserscheinungen bei sehr kleinen Hunden.

Charakter und Eignung

Besonderer Wert kommt den Eigenschaften und Merkmalen zu, die für die Arbeit des Hundes von Bedeutung sind, wie Gesundheit, Wesen, Körperbau, Gangwerk und Fell, eine untergeordnete Rolle spielt zum Beispiel die Farbe der Augen und des Fells, die Tragweise von Rute und Ohren etc. Der Berger des Pyrénées ist eine alte, bodenständige Hirtenhunderasse aus den Pyrenäen und wird in seiner Ursprungsregion noch heute zum Hüten und Treiben von Schafen verwendet. Seine charakteristischen Eigenschaften, die ihn besonders zu dieser Aufgabe

Baden macht Spaß – Foto: P. Hutterer

welt eingestellt. Leider trifft man immer wieder auf ziemlich ängstliche und teils sogar aggressive Exemplare und hier sind sowohl die Züchter als auch die Welpenkäufer gefordert daran zu arbeiten, daß diese unangenehmen, untypischen Wesenseigenschaften verschwinden.

Heute wird der Berger des Pyrénées auch in seinem Heimatland Frankreich vor allem als Familienhund gehalten, und auf vielen pyrenäischen Bauernhöfen leben mehr oder weniger typische Exemplare als Haus- und Hofhunde.

Er läßt sich aufgrund seiner Größe sehr gut in der Stadtwohnung halten, vorausgesetzt er hat genügend Auslauf und Beschäftigung.

Als Familienhund ist er gerne immer dabei, er lernt sehr schnell und ist vielseitig einsetzbar, neben seiner ursprünglichen Aufgabe als Schäferhund ist er heute beliebt für verschiedene Aufgaben im Hundesport (wie zum Beispiel Agility). Er wurde vor allem in der Schweiz mit bestem Erfolg als Sanitätshund, Lawinenhund und Katastrophenhund ausgebildet und eingesetzt.

Er ist robust, wenig krankheitsanfällig und erreicht gewöhnlich ein Alter von zwölf bis fünfzehn Jahren.

befähigen, sind große Ausdauer, Genügsamkeit, schnelle Reaktionen, Bewegungsfreudigkeit, Sprung- und Klettertalent, sehr große Lernfähigkeit und Anpassungsvermögen.

Der Berger des Pyrénées bellt recht gern, durch richtige Erziehung lernt er schnell, wann er sich ruhig zu verhalten hat. Das größte Augenmerk ist auf das Wesen und das daraus resultierende Verhalten zu legen. Der Standard beschreibt das charakteristische und unvergleichliche Benehmen als aufmerksam, pfiffig und mißtrauisch, das heißt, der Berger des Pyrénées ist sehr an der Umwelt interessiert, lebhaft, intelligent, wachsam, vielleicht ein wenig vorsichtig, besitzt eine gute Kombinationsgabe und ist (vorbeugend) eher auf eine negative Reaktion der Um-

Beschreibung / Standard des Berger des Pyrénées à face rase

Derzeit gültiger, offizieller Standard der F.C.I. in deutscher Sprache, Stand Oktober 1997

Fédération Cynologique Internationale
FCI Standard Nr. 138 / 4.3.1996 / D

PYRENÄENSCHÄFERHUND
MIT KURZHAARIGEM GESICHT
(Chien de Berger des Pyrénées à face rase)

Übersetzung: Frau Michèle Schneider

Ursprung: Frankreich

Datum der Publikation des gültigen Originalstandards: 25.6.1986

Verwendung: Schäferhund

Klassifikation F.C.I.: Gruppe I: Hütehunde und Treibhunde (ausgenommen Schweizer Sennenhunde)
Sektion 1: Schäferhunde mit Arbeitsprüfung

Dieser Hund ist ruhiger und führiger als der langhaarige Schäferhund und Fremden gegenüber weniger mißtrauisch. Dennoch strahlt er viel Übermut und Energie aus.

Berger des Pyrénées á face rase, Kopfstudie

Insgesamt besitzt er dieselben Eigenschaften wie der langhaarige Pyrenäenschäferhund. Er unterscheidet sich von diesem durch einen etwas längeren Fang. Sein Kopf ist von kurzem und feinem Haar bedeckt (daher der Name «face-rase» – «Kurzhaargesicht»); das Körperhaar ist halblang oder kürzer als halblang; es erreicht seine größte Länge von 6 – 7 cm an Hals und Widerrist und 4 – 5 cm auf der Mittellinie des Rückens.

Die Läufe sind kurz behaart mit leichten Fransen an den vorderen und «Hosen» an den hinteren Gliedmaßen. Die Rute kann lang mit einem Haken am Ende oder kupiert sein. Viele Exemplare haben von Geburt an eine kurze Rute. Die Zehen sind sowohl enger aneinanderliegend als auch stärker gewölbt als beim langhaarigen Schäferhund.

Bei gleichen Proportionen ist der Körper ein wenig kürzer als beim langhaarigen Pyrenäenschäferhund.

Die erlaubten Fellfarben sind schwarz-harlekin, gestromt, Fauve in verschiedenen Tönungen, auch mit schwarzen Haaren meliert und manchmal mit einigen weißen Abzeichen. Das graue Haarkleid ist wenig verbreitet.

Die Größe des kurzhaarigen Pyrenäenschäferhundes schwankt bei den Rüden zwischen 40 bis 54 cm und zwischen 40 bis 52 cm bei den Hündinnen.

Fehler und Ausschlußgründe sind dieselben wie für die langhaarige Variante aufgezeigt.

Fehler: Jede Abweichung von den vorgenannten Punkten muß als Fehler angesehen werden, dessen Bewertung in genauem Verhältnis zum Grad der Abweichung stehen sollte.

N. B: Rüden müssen zwei offensichtlich normal entwickelte Hoden aufweisen, die sich vollständig im Hodensack befinden.

****

Kommentar zum Standard

Die geläufigste, wenn auch nicht unbedingt wörtlich richtige, deutsche Bezeichnung ist Kurzhaariger-Pyrenäen-Schäferhund. Im Gegen-

Harlekinfarbene Hündin

satz zu vielen anderen Rassen gibt es bei der Paarung zweier kurzhaariger Hunde nur kurzhaarigen Nachwuchs, während es bei einer Paarung von zwei langhaarigen Hunden hin und wieder face-rase-Welpen gibt. Die Kreuzung der beiden Varietäten ist gestattet und wird praktiziert, wenig erstrebenswert sind die aus solchen Verbindungen hervorgehenden Mischtypen, die weder der einen noch der anderen Varietät sicher zugeordnet werden können. Es wird oft übersehen, daß sich die Unterschiede nicht nur auf die Behaarung beschränken, sondern auch im Körperbau und in der Größe zu finden sind. Einige face-rase-Hunde (mit kurzer Kopfbehaarung) haben am Körper bedeutend längere Haare und werden trotzdem von Kennern als typvoll bezeichnet, obwohl sie im Bereich der Behaarung die Forderungen des Standards nicht erfüllen. Im Mittel ergibt sich für beide Geschlechter eine größere Höhe, für Hündinnen wird sie sogar gefordert. Die längere Schnauze ist zum nicht geringen Teil durch das fehlende Kopfhaar optisch bedingt.

Bei dieser Varietät kommt die Harlekinscheckung besonders schön zur Geltung.

Der face rase ist nur wenig verbreitet. In Frankreich bemühen sich nur wenige Züchter um diesen Schlag, lediglich in der Schweiz gab es ernsthafte Versuche, diese Varietät rein zu züchten.

Zuchtgeschehen und Verbreitung der französischen Schäferhunde

Beauceron

Die Wurfgröße beträgt durchschnittlich acht bis neun Welpen. Vor allem in Frankreich werden weniger Welpen aufgezogen, da solche mit zuchtausschließenden Fehlern (fehlerhafte Afterkrallen, weißer Brustfleck, fehlfarbene Hunde) generell getötet werden. Vor allem in den letzten drei Jahrzehnten hat sich die Zucht langsam aber doch merkbar in zwei Richtungen auseinanderentwickelt. Zum einen der Schwerpunkt schönes Aussehen, zum anderen Teil die wenigen Züchter, die als Zuchtziel die Arbeitsveranlagung erkoren haben. Das theoretisch anzustrebende Ideal einer Vereinigung von Schönheit und Leistung ist kaum zu erwarten, weil die Anforderungen an die Hunde zu verschieden sind. Insgesamt kann der Berger de Beauce als robuste und gesunde Hunderasse bezeichnet werden.

Beauceron mit kupierten Ohren

Briard

Der Briard ist weltweit der verbreitetste der französischen Schäferhunde. Pro Wurf werden durchschnittlich acht Welpen geworfen, aber es gab schon Würfe mit 18 Welpen. Meist werden weniger Welpen aufgezogen als geboren, da es immer wieder Ausfälle durch totgeborene oder nicht lebensfähige Welpen gibt. Manche Züchter merzen Welpen aus, die nicht dem Standard entsprechen und ein besonderer Anhaltspunkt hierfür sind die vorgeschriebenen doppelten Afterkrallen an den Hinterläufen.
Aus einem Wurf zweier schwarzer Eltern kann es fauve Welpen geben, die Paarung zweier fauver Hunde hingegen ergibt nur fauve Nachkommen.

Berger Picard

Von allen französischen Schäferhunden ist die Zucht des Berger Picards am schwierigsten. Verhältnismäßig viele Würfe kommen nur mehr durch künstliche Befruchtung zustande, weil Rüden deckunlustig sind und Hündinnen wegen psychischer und/oder physischer Probleme nicht gedeckt werden können oder oft leer bleiben. Eine weitere Schwierigkeit in der Zucht ist die hohe Verwandtschaft innerhalb der Population und es wird kaum eine andere Rasse geben, wo über mehrere Generationen so stark Inzucht betrieben wurde. Einerseits gab es recht wenig Zuchttiere, andererseits hielten es die damaligen Züchter zur raschen Erreichung eines einheitlichen Typs für erforderlich. Die heutigen Züchter müssen sich mit den wahrscheinlich auch daraus resultierenden Problemen auseinandersetzen. Die durchschnittliche Wurfgröße beträgt fünf Welpen, das ist im Verhältnis zu anderen – vergleichbaren – Rassen eher wenig.

Picards

Berger des Pyrénées

Von allen vier Rassen beinhaltet die Zucht des Berger des Pyrénées die höchste Wahrscheinlichkeit auf überraschende Zuchtergebnisse in positiver wie in negativer Hinsicht, bedingt durch die Typenvielfalt, die verschiedenen Haararten und vielen Farben. Vom Decken bis zum Werfen gibt es kaum Probleme, durchschnittlich gibt es vier Welpen pro Wurf mit einem Durchschnittsgewicht von 280 g.
Seit etwa einem Jahrzehnt treten in verschiedenen Zuchtlinien vermehrt Hunde mit unterschiedlichen Formen anfallartiger Erkrankungen auf (zum Beispiel aus dem Formenkreis Epilepsie), des weiteren trifft man immer mehr Hunde mit fehlenden Schneidezähnen ohne Lücke, was darauf hindeutet, daß der Kiefer zu schmal geworden ist. In diesen Bereichen müssen die Züchter besondere Anstrengungen zur Verbesserung unternehmen.

Frankreich

Ab 1896 gab es in Frankreich für alle Rassen gemeinsam ein Zuchtbuch, in das die Hunde nach Einltreffen der Meldungen eingetragen wurden, alle Rassen bunt gemischt. Diese sehr unübersichtliche Art der Eintragung wurde 1934 geändert, indem für jede Rasse ein eigenes Zuchtbuch angelegt wurde, das wieder mit der Eintragungsnummer begann.

Schwarzer Briard mit unkupierten Ohren

Folgende Abkürzungen werden verwendet:

Beauceron	LOF 1 B.BE
Briard	LOF 1 B.BR
Picard	LOF 1 B.PI
Pyrénées	LOF 1 B.PYR

In Frankreich werden die Ahnentafeln (Geburtsbescheinigungen) für Hunde aller Rassen vom französischen Kynologenverband (Société Centrale Canine = S.C.C.) ausgestellt.

Die endgültige Ahnentafel und damit die Zuchtgenehmigung erhalten die Hunde erst, wenn sie anläßlich einer Confirmation (Zuchtmusterung) vorgestellt und für in Ordnung befunden wurden. Zur Confirmation muß der Hund mindestens zwölf Monate alt sein, er wird dann von einem französischen Richter auf sein standardgerechtes Aussehen überprüft.

Alle französischen Schäferhunde werden in ihrem Heimatland durch einen eigenen Club vertreten, die Zucht unterliegt aber den Bestimmungen der S.C.C. und beschränkt sich auf Minimalanforderungen. Zahlreiche Züchter unterwerfen sich freiwillig strengeren Bestimmungen der Clubs, wie zum Beispiel Untersuchung auf Hüftgelenksdysplasie, auf erbliche Augenkrankheiten, Abgabe der Welpen erst ab einem bestimmten Alter etc.

Alle in Frankreich gezüchteten Hunde eines Jahres (aller Rassen) erhalten neben dem Zwingernamen, der nicht bindend vorgeschrieben ist, einen Namen mit dem gleichen Anfangsbuchstaben, dadurch kann man aufgrund des Namens des Hundes dessen Alter feststellen. Begonnen wurde mit dieser Regelung 1925; für die letzten Jahre waren folgende Buchstaben vorgeschrieben:

1980	R	1989	E
1981	S	1990	F
1982	T	1991	G
1983	U	1992	H
1984	V	1993	I
1985	A	1994	J
1986	B	1995	L
1987	C	1996	M
1988	D	1997	N

Im folgenden die Eintragungszahlen der letzten Jahre:

Jahr	Beauceron	Briard	Picard	Pyrénées
1970	622	317	91	256
1980	3035	4101	228	782
1985	3242	6303	369	962
1990	3499	3951	356	1226
1996	3875	1665	186	1016

Anzahl aller im französischen Hundezuchtbuch (LOF) eingetragener Hunde von 1934 bis 1996 (+/– 1 %):

Beauceron	83 000
Briard	95 000
Picard	6 700
Pyrénées	24 500

Beauceron: 1927 wurde der «Club des Amis du Beauceron» gegründet, der seither die Liebhaber der Rasse vereint. Jährlich findet nebst regionalen eine nationale Zuchtschau mit einigen hundert gemeldeten Hunden statt. Wegen der steigenden Beliebtheit des Beaucerons haben sich leider auch Berufszüchter der Rasse «angenommen», von denen einige jährlich mehrere hundert Welpen produzieren. Daß in solchen Zuchtstätten die Quantität und damit der Profit Vorrang haben, soll nicht verschwiegen werden. In den französischen Überseedepartements wie Martinique oder Guadeloupe gibt es mehrere Züchter, das Zuchtgeschehen wird über den französischen Verband abgewickelt.

Briard: 1885 wurde mit dem Rüden «Sans-Gene» der erste Briard ins LOF eingetragen. Als erster Briard-Spezialclub wurde 1909 der Club «Les Amis du Briard» gegründet, nach dem ersten Weltkrieg folgte die Gründung eines zweiten Clubs unter dem Namen «Club des Amateurs du Briard», beide Clubs vereinigten sich im Jahre 1946 unter dem Namen «Club des Amis du Briard» und 1980 hatte dieser Club mehr als 4500 Mitglieder. Zwei weitere, nicht offiziell anerkannte Clubs bemühten sich um die Vertretung der Rasse und interne Streitigkeiten führten dazu, daß der französische Dachverband 1988 als einzige offizielle Rassevertretung den neuen Club «Association du Berger de Brie (AAB)» anerkannte.
Mitte der 80er Jahre avancierte der Briard zum Modehund und lag in Frankreich hinter dem Deutschen Schäferhund an zweiter Stelle in der Beliebtheitsskala, 1986 wurde die höchste Eintragungszahl mit 6364 Hunden erreicht, in den letzten Jahren war ein kontinuierlicher Rückgang zu verzeichnen.

Berger Picard: Erst 1953 wurde der erste Picard ins 1934 eröffnete, offizielle französische Hundezuchtbuch für Picard eingetragen, es war die Hündin «Catherine des Hauts Chesnaux». Das Zuchtgeschehen wurde seit jeher von ein oder zwei großen Züchtern dominiert, daneben

Junger Picard, drei Monate alt

gab es immer eine Reihe von kleinen Züchtern mit ein oder zwei Würfen pro Jahr. Insgesamt wurden knapp 200 Zwingernamen geschützt, seit 1990 ist die Zahl der Eintragungen leicht rückläufig. Der Berger Picard ist auch in Frankreich eine seltene Rasse, 1995 kamen auf einen eingetragenen Berger Picard 70 eingetragene Deutsche Schäferhunde.

Berger des Pyrénées: Die ersten zuchtbuchmäßig erfaßten Würfe sind schon aus der Zeit vor der offiziellen Anerkennung der Rasse bekannt, seit dieser Zeit wird regelmäßig gezüchtet. Die Nummer BPYR 1 erhielt 1934 der grau-harlekin-Rüde «Hendaye de la Croix des Bouquets». Das Jahr mit der höchsten Eintragungszahl von 1228 Hunden war 1988, seither ist ein leichter Rückgang zu verzeichnen. Insgesamt wurden bisher knapp mehr als 350 Zwingernamen geschützt, weiters gibt es zahlreiche Züchter, die ohne Zwingernamen züchten.
Der Berger des Pyrénées genießt eine gewisse Popularität und Beliebtheit, ohne ein Modehund zu sein.

Deutschland

Wie in keinem anderen Land liegt das gesamte Zuchtgeschehen fast ausschließlich in der Verantwortung der Vereine, was zu sehr umfangreichen, in allen Punkten bis ins Detail geregelten Zuchtbestimmungen geführt hat. Seit 1986 ist das Ohrenkupieren verboten und so ist die zur Zeit lebende deutsche Population mit Ausnahme der Importhunde generell unkupiert.

Eintragungszahlen ins Zuchtbuch des VDH (Verband für das deutsche Hundewesen) der letzten Jahre:

Jahr	Beauceron	Briard	Picard	Pyrénées
1992	27	399	12	115
1993	34	492	33	127
1994	16	545	18	109
1995	30	662	2	123
1996	25	639	24	188

Beauceron: Relativ spät wurde der Beauceron in Deutschland entdeckt, die erste Zuchtbucheintragung gab es im Jahr 1979, vereinzelt wurden Hunde importiert und bis Ende 1985 waren elf Beaucerons eingetragen. Der erste Wurf fiel 1986 im Zwinger «du Bergerie Chauliac» und seither bemühen sich einige wenige Züchter um die Rasse.

Briard: In der ehemaligen DDR gab es die erste Zuchtbucheintragung 1977, im gleichen Jahr fiel der erste Wurf, bis zur deutschen Einheit folgten etwas mehr als 250 weitere Würfe von mehr als 70 Züchtern. Mit ganz wenigen Ausnahmen kamen alle importierten Hunde aus der damaligen Tschechoslowakei.
Die Züchter hatten die Pflicht zur Reduzierung der Würfe innerhalb der ersten drei Lebenstage auf maximal sechs Welpen, pro Züchter und Jahr durften 18 Welpen aufgezogen werden. Ein Briardrüde durfte jährlich höchstens fünf Mal decken, das Mindestzuchtalter betrug 21 Monate.
In der Bundesrepublik Deutschland wurde 1975 der «Deutsche Briard-Club» gegründet und ein Jahr später in «Club für Französische Hirtenhunde» umbenannt. Seit 1989 betreut als zweiter Club auch der «Briard-Club Deutschland» die Rasse.
Der erste Wurf fiel 1970 im Zwinger «du Chateau de Berge», seither nahm das Zuchtgeschehen einen rasanten Aufschwung, es wurden bereits mehr als 250 Zwingernamen geschützt.

Berger Picard: Der erste Berger Picard in Deutschland war die 1973 geworfene Hündin «Illa du Grand Tarsac», der erste im Zuchtbuch eingetragene Hund war die 1980 aus Holland importierte Hündin «Vrouw Udette v. t. Vrijbuitersnest».
Der erste Wurf fiel 1986 im Zwinger «zur alten Bürg».
Der Picard wird vom Club für Französische Hirtenhunde betreut und genießt gegenüber den Briards und Beaucerons einige «Vorteile», die sich gleichermaßen als Nachteile für die Rasse erweisen könnten und die vor allem mit der kleinen Population begründet werden. Picards müssen am Wesenstest teilnehmen, diesen aber nicht bestehen, und es durfte bis 1997 unter bestimmten Voraussetzungen mit Hunden gezüchtet werden, die den HD-Grad mittel aufwiesen.

Berger des Pyrénées: Außerhalb Frankreichs gibt es die größte Population an Pyrenäen-Schäferhunden in Deutschland, bis 1977 wurde die Rasse vom Club für Ungarische Hirtenhunde betreut, bis 1982 vom Club für Französische Hirtenhunde, ab 1982 vom Club Berger des Pyrénées und seit 1989 gibt es noch den Club Berger des Pyrénées Deutschland, die Rasse wird zur Zeit von den beiden Clubs streng voneinander getrennt vertreten und gezüchtet.
Der erste Wurf fiel im Januar 1977, bis Ende 1996 folgten 340 weitere mit mehr als 1250 aufgezogenen Welpen, mehr als 100 Züchter ließen sich einen Zwingernamen schützen. Seit 1986 müssen alle Zuchthunde auf Hüftgelenksdysplasie untersucht werden, gezüchtet wird seit einigen Jahren mit Hunden bis einschließlich HD-leicht. Eine Besonderheit der deutschen Zucht ist der im Vergleich zu anderen Ländern sehr hohe und seit Jahren ständig ansteigende

Briard-Welpe, acht Wochen alt

Inzuchtgrad der Population, dies hat unterschiedliche Ursachen.
Die Varietät face rase ist in Deutschland nur mit wenigen Einzelexemplaren vertreten und praktisch ohne jede Bedeutung.

Österreich

1979 wurde der «Verein für Französische Schäferhunde in Österreich» gegründet, der die Vertretung aller Rassen übernahm, im Jahr 1985 wurde ein eigener Club für Beaucerons ins Leben gerufen, der die Rasse bis heute vertritt. Seit Anfang 1997 werden Briards, Picards und Pyrénées direkt vom Österreichischen Kynologenverband betreut.

Beauceron: 1970 wurde «Senas de Mavourneen» als erster Beauceron ins Österreichische Hundezuchtbuch eingetragen, schon vorher gab es vereinzelt Hunde der Rasse in Österreich. Der erste Wurf fiel 1979 im Zwinger «vom Sillufer», seit fast einem Jahrzehnt nimmt die Beliebtheit der Rasse langsam aber stetig zu.

Briard: Der schwarze Rüde «Yotto du Lys Royal» erhielt 1952 die Zuchtbuchnummer BBR 1, die Rasse blieb zunächst aber unbekannt und so gab es die nächste Eintragung erst 1980. Der erste Wurf fiel 1981, bisher ließen sich 27 Züchter einen Zwingernamen schützen, die Zahl der aktiven Züchter ist aber sehr viel geringer.

Berger Picard: Der erste Picard wurde 1983 nach Österreich importiert, in den folgenden Jahren kamen mehrere Hunde aus verschiedenen französischen Zuchten nach Österreich. Im Mai 1987 gab es im Zwinger «von der großen Linde» den ersten österreichischen Picard-Wurf. Alle Zuchthunde werden auf Hüftgelenksdysplasie geröntgt, gezüchtet wird mit HD-frei und HD-Verdacht.

Berger des Pyrénées: Mit der Zuchtbuchnummer BPYR 1 wurde die fauve Hündin «Orielle de la Grezette» ins ÖHZB eingetragen, sie hatte 1980 im Zwinger «von den Putzis» den ersten Wurf in Österreich. Ab dieser Zeit wurden zahlreiche Hunde aus verschiedenen Ländern und Zuchtlinien importiert und Österreich dürfte das einzige Land sein, wo es bisher mehr Würfe bei den Berger des Pyrénées gab als bei den Briards. Gezüchtet wird mit Hunden bis einschließlich HD-Verdacht, der Großteil der Hunde wurde bisher kupiert.

Anzahl der Würfe in Österreich bis Ende 1996:

Beauceron	33
Briard	27
Picard	9
Pyrénées	38

Die insgesamt im Zuchtbuch eingetragenen Hunde ergeben allerdings ein anderes Bild, da die Würfe bei den Berger des Pyrénées deutlich kleiner als bei den anderen Rassen sind und auch unterschiedlich viele Hunde pro Rasse importiert wurden:

Eintragungen ins ÖHZB bis Ende 1996:

Beauceron	257
Briard	320
Picard	75
Pyrénées	190

Schweiz

Beauceron: Bereits 1911 wurden die ersten acht Beaucerons in die Schweiz importiert und im Schweizerischen Hundestammbuch eingetragen. Bis zur Gründung des Spezialklubs «Club suisse des amis du Beauceron» im Jahre 1934 wurden immer wieder einzelne Beaucerons importiert und die Rasse fand vor allem in der Westschweiz ihre Liebhaber. In den folgenden drei Jahrzehnten blieben die Westschweizer führend in der Beauceronzucht und beeinflußten maßgeblich das Klubgeschehen. Heute liegt der Schwerpunkt der Beauceronzucht in der Ostschweiz. Stets waren es kleine Liebhaberzüchter, welche die Beauceronzucht in der Schweiz prägten.
Bereits Ende der 60er Jahre wurde eine Wesensprüfung für die Zuchtzulassung vorgeschrieben und seit Ende der 70er Jahre kommen nur noch Hunde mit dem HD-Grad A oder B zur Zuchtverwendung. In den letzten Jahren schwankten die Zuchtbucheintragungen zwischen 35 und 50 Welpen jährlich.

Briard: Der Briard ist in der Schweiz seit langer Zeit bekannt und beliebt, schon 1909 erfolgte die Eintragung des ersten Hundes ins Zuchtbuch. Seit Anfang der 70er Jahre gab es einen

Briard

Berger Picard: Anfang der 70er Jahre gab es den ersten Schweizer Picard-Wurf im Zwinger «de Baugy», 1973 gab es zwei Würfe, und dann wurde es still um die Rasse. Nur ganz vereinzelt wurden Hunde importiert. Seit 1987 wird regelmäßig gezüchtet, und so erlebte der Picard einen kleinen Aufschwung. Insgesamt gab es bis Ende 1996 in der Schweiz 36 Würfe von zehn Züchtern, und es wurden ca. 180 Welpen aufgezogen. Der Berger Picard wird vom Club Suisse du Berger Picard betreut.

Berger des Pyrénées: Es ist nicht so genau bekannt, wann der erste Berger des Pyrénées in die Schweiz kam,

Aufschwung bis 1987 mit 145 Eintragungen, seither sind die Eintragungszahlen wieder rückläufig. Die wenigen aktiven Züchter werden vom Schweizer Briard-Club betreut.
Im Vergleich zu anderen Ländern wird mit vielen Hunden in verschiedenen Disziplinen gearbeitet.

auf jeden Fall war die Rasse schon vor dem 2. Weltkrieg bekannt. 1954 erhielt die Hündin «Ytza de Bethmale» den Titel Schweizer Schönheitssieger und regelmäßig wurden von Liebhabern einige Hunde aus Frankreich importiert. Im Zwinger «du Courtillet» gab es im Juli 1973 den ersten Wurf nach dem 2. Weltkrieg, dem bis heute mehr als 150 weitere gefolgt sind mit knapp 700 aufgezogenen Welpen, gezüchtet von 38 Züchtern. Die Schweiz ist vor allem in bezug auf die Arbeit mit den Hunden beispielhaft. Nirgendwo werden die Hunde so erfolgreich in vielen Disziplinen ausgebildet. So gibt es zahlreiche Berger des Pyrénées mit Fährten- und Schutzhundeprüfungen bis hin zur höchsten Stufe, ebenso Lawinen-, Sanitäts- und Katastrophenhunde, auch für den Einsatz im Ernstfall. Besondere Bemühungen gab es in der Schweiz um die Zucht des «face rase», drei Face-rase-Hunde aus der Zucht «de Lugort» erreichten den seltenen Titel eines französischen Schönheitschampions.

Andere Länder

Beauceron

- *Finnland:* Zuchtanfänge wurden gemacht, 1995 wurden 31 Hunde ins Zuchtbuch eingetragen, 1996 waren es 57.
- *Großbritannien:* Schon 1929 kamen die ersten Hunde ins Land, mit denen auch gezüchtet wurde.
- *Schweden:* 1988 wurden die beiden ersten Beaucerons ins Zuchtbuch eingetragen.
- *USA:* Die Rasse wird vom «Beauceron Club of America» vertreten, es gibt einige Züchter.

Briard

- *Belgien:* In Belgien ist der Briard schon seit dem letzten Jahrhundert bekannt und es gibt zahlreiche und erfolgreiche Züchter. Der erste Zwinger «de la Hulpe» begann die Zucht bereits im Jahr 1901.
- *Neuseeland:* Den ersten Wurf gab es 1976.
- *Finnland:* Der Briard wird seit vielen Jahren gezüchtet, 1994 wurden 93 Hunde ins Zuchtbuch eingetragen, 1996 waren es 82.
- *Niederlande:* Seit Anfang des Jahrhunderts ist der Briard in den Niederlanden vertreten. Schon 1942 wurde der Niederländische Briard-Club gegründet, viele Züchter bemühen sich immer wieder mit großem Erfolg um die Rasse.
- *Schweden:* Die erste Zuchtbucheintragung erfolgte 1961, im Jahr 1966 kamen zwei weitere Hunde ins Land, die auch die Eltern des ersten schwedischen Briardwurfs 1968 waren. Seither hat die Rasse zahlreiche Liebhaber und Züchter gefunden, bis Ende 1996 wurden etwas mehr als 2000 Hunde eingetragen.
- *Slowenien:* Der erste Briard kam 1981 aus der CSFR nach Slowenien, im Dezember 1982 gab es den ersten Wurf im Land.
- *Spanien:* Es gibt mehrere aktive Züchter, der Club Español del Pastor de Brie wurde 1981 gegründet.
- *Tschechien, Slowakei:* 1971 fiel der erste Wurf, ab 1976 wurde regelmäßig gezüchtet. Heute sind mehr als 180 Zwingernamen geschützt und es gibt eine bemerkenswerte Population von sehr guter Qualität.
- *Ungarn:* Seit Anfang der 80er Jahre wurde der Briard bekannt, vor allem durch ausländische Aussteller, und mehrere Züchter haben mit der Zucht begonnen.
- *USA:* Der erste Briard wurde 1925 ins Zuchtbuch eingetragen, 1928 wurde der Briard Club of America vom American Kennel Club anerkannt und im gleichen Jahr wurde der erste Wurf der gedeckt aus Frankreich importierten Hündin «Citronelle de Montjoye» registriert.

Berger Picard

- *Belgien:* Seit vielen Jahren ist die Rasse in Belgien bekannt, einige wenige Züchter haben regelmäßig Würfe.

- *Niederlande:* In den Niederlanden wurde 1952 der erste Picard ausgestellt, 1973 gab es den ersten Import und im November 1978 fiel der erste Wurf. Seither gab es mehr als 30 Würfe von 17 verschiedenen Züchtern.
- *Schweden:* 1996 wurde der erste Picard im Zuchtbuch eingetragen.

Berger des Pyrénées

- *Belgien:* Der Berger des Pyrénées wird seit vielen Jahren von einigen wenigen Liebhabern mit starker Orientierung am Ursprungsland Frankreich gezüchtet.
- *Finnland:* Die Rasse erlebte zahlenmäßig einen rasanten Aufschwung, der erste Wurf wurde 1988 eingetragen, bis 1996 folgten mehr als 60 weitere Würfe.
- *Großbritannien:* Schon im Jahre 1913 kamen die ersten Exemplare der Rasse zu Miss Bowring nach Großbritannien. Heute bemühen sich einige Züchter und Liebhaber um die Rasse.
- *Italien:* Der erste Wurf kam 1974 zur Welt, bis Ende 1996 folgten ca. 90 weitere von zwölf verschiedenen Züchtern.
- *Niederlande:* Die ersten Berger des Pyrénées kamen bereits vor 1940 ins Land, 1972 wurde der erste Wurf eingetragen, dem bis 1996 etwas mehr als 100 weitere gefolgt sind.

Freunde fürs Leben

Tierschutzrelevante Rassemerkmale

Seit Beginn der standardorientierten Hundezucht unterlag besonders die europäische Gesellschaft einem starken Wandel. Galt vor wenigen Jahrzehnten das Tier noch unbestritten als «Sache», so wird dieser Standpunkt heute vielfach als nicht mehr zeitgemäß abgelehnt. Die «Mitgeschöpflichkeit» des Tieres, dem daher auch rechtlich ein anderer Stellenwert als leblosen Gegenständen zukommt, wird heute mehrheitlich anerkannt.
So sind auch die bisherigen Ziele der Rassehundezucht kritisch hinterfragt und oftmals heftig kritisiert worden.
Einzelne Staaten haben die Tierschutzgesetze diesem Wandel ihrer Gesellschaft angepaßt und auch für die Heimtiere tiergerechtere Vorschriften erlassen. Ins Kreuzfeuer dieser Kritik gerieten die teils übertrieben herausgezüchteten Rassemerkmale und die daraus resultierende Anfälligkeit für verschiedene Erkrankungen.
Auch die seit Jahrhunderten geübte Tradition des Ruten- und Ohrenkupierens wurde in einzelnen Ländern ganz oder teilweise verboten. Selbst der Europarat hat in seiner Konvention zum Schutze der Haustiere lange Listen mit Hunderassen veröffentlicht, bei denen angeblich einzelne Erberkrankungen übermäßig gehäuft vorkommen. In dieser Konvention werden deshalb züchterische Gegenmaßnahmen, die bis zum Zuchtverbot einzelner Rassen führen können, gefordert.
Die Diskussion um die sogenannten «Qualzüchtungen», richtiger wäre der Begriff Dispositionserkrankungen, betrifft nahezu alle Hunderassen, auch die französischen Schäferhunde.
Mit Ausnahme des Picard sieht der Standard bei den französischen Schäferhunden das Kupieren der Rute und/oder Ohren vor. Auch die

Beauceron mit naturbelassenen Ohren

verpönte Farbvariante der Harlekin-Scheckung kommt beim Beauceron und Pyrénées vor. Zudem sind die Beaucerons, Briards und Picards, wie viele andere Rassen, zumindest für die Hüftgelenksdysplasie disponiert. Ellbogendysplasie, PRA und angeborene Stummelruten sollen bei unseren Rassen schon vorgekommen sein. Trotzdem sind die französischen Schäferhunde nicht übermäßig mit diesen Erberkankungen belastet.

Kupieren der Ohren (Otomie) und der Rute (Caudotomie)

Das Kupieren der Ohren wird bei drei der vier französischen Schäferhunderassen vom Standard verlangt oder zumindest bevorzugt. Beim Berger des Pyrénées wird traditionsgemäß die Rute kupiert, die naturbelassene Rute (lang oder Stummelrute) ist zugelassen. Auch wenn unkupierte Hunde vom Standard schon immer toleriert wurden, sollen bei gleicher Qualität die kupierten Hunde vorgezogen werden. Diese Regelungen wurden durch Rundschreiben Nr. 32/1994 der FCI außer Kraft gesetzt. Damit hat die FCI das Argument, die Züchter müßten ihren Hunden die Ohren und/oder Ruten kupieren, um international konkurrenzfähig zu bleiben, in ihrem Einflußbereich entkräftet. Die Frage ob Hunde weiterhin kupiert werden sollen, beschränkt sich heute auf jene Länder, die diesbezüglich noch keine Verbote erlassen haben.

In Frankreich begann die Diskussion um ein allfälliges Kupierverbot erst in jüngster Zeit, und die Rasseklubs bemühen sich mit Unterschriftensammlungen ein drohendes Verbot abzuwenden (Stand 1997).

In Deutschland ist das Kupieren der Ohren seit 1986 verboten.

In Österreich ist das Ohrenkupieren in einigen Bundesländern seit Jahren verboten, während andere Bundesländer es weiterhin erlauben.

Die Schweiz untersagt generell das Kupieren der Ohren (seit 1981) und Ruten (seit 1997).

In diesen Ländern «müssen» sich die Züchter und Liebhaber an die naturbelassenen Hunde gewöhnen. Der einzige Grund für das Ohren- und Rutenkupieren ist ästhetischer Natur und gerne bemüht man die jahrhundertelange Tradition zur Rechtfertigung dieser Praxis. Oft werden gesundheitliche Vorteile für die Hunde als Argument für das Kupieren ins Feld geführt, doch Hunde mit natürlich belassenen Ohren sind nicht anfälliger für Ohrenerkrankungen als solche, deren Ohren zurechtgestutzt wurden. Für unsere Hunde stellen die langen Ruten kein Problem dar, denn sie wissen sehr gut, wie sie mit dem hintersten Ende ihres Körper umgehen müssen.

Die doppelten Afterkrallen

Ende des 19., anfangs des 20. Jahrhunderts wollten die Züchter bei mehreren Rassen die doppelten Afterkrallen als Rassemerkmal festschreiben. In St. Gallen wurden Bernhardiner gezüchtet, die diesen Doppelsporn aufwiesen. Eine vom Verfasser entdeckte Berhardinersta-

Bernhardiner, Skulptur um 1895

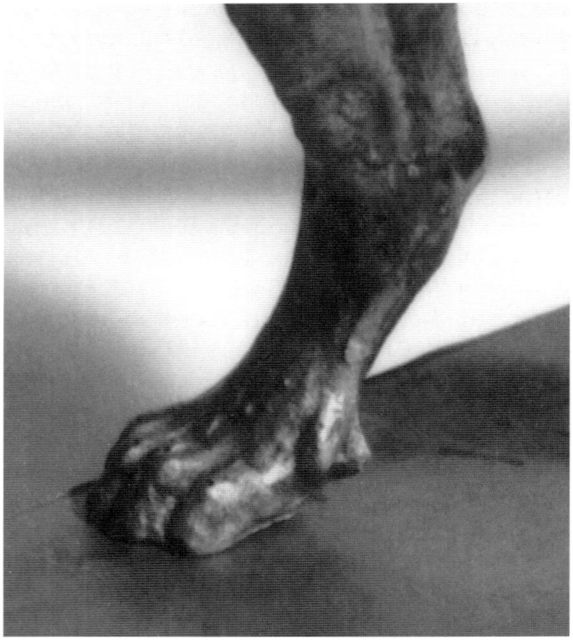

Doppelte Afterkrallen, Bernhardinerskulptur um 1895

tue, die vom Bildhauer August Bösch um 1895 geschaffen wurde und jetzt im Besitz der Albert Heim Stiftung in Bern ist, zeigt diese doppelten Afterkrallen in aller Deutlichkeit. Daß bei den beiden Schweizer Nationalrassen, den Berner Sennenhunden und den St. Bernhardshunden, diese Anomalie nicht zum Rassemerkmal erhoben wurde, verdankt die Kynologie dem großen Förderer dieser Rassen, Prof. Albert Heim, der sich vehement dagegen aussprach. Bei den französischen Schäferhunden begann die Diskussion um die doppelt angelegten Afterkrallen bereits vor der Abfassung des ersten Standards. Der alte Aberglaube, der Sitz der erwünschten Hüteeigenschaft liege in diesen Krallen, wurde durch gute Hunde, die diese Doppelsporne besaßen noch genährt.

Trotzdem wandten sich damals viele namhafte französische Kynologen gegen dieses Merkmal, leider erfolglos, wie es die weitere Entwicklung der Rassen zeigt. Bereits 1912 schrieb Prof. Bouchet: «Man ignoriert die Biologie, wenn man einfache oder doppelte Afterkrallen als Rassemerkmal sehen will oder sogar als wirkliches Charakteristikum oder gar als Zeichen für Rassereinheit.»

1927 mußten die französischen Rasseklubs das durch Operation bedingte Fehlen der Afterkrallen bei Polizei- und Arbeitshunden akzeptieren und durften solche Hunde nicht disqualifizieren.

1948 veröffentlichte die «Association Cynologues et Caniculteurs français» ein Schreiben, in dem festgehalten wird, daß die Afterkrallen aus verschiedensten Gründen schädlich sind, daß kein ernsthaftes Interesse an der Beibehaltung dieser Standardforderung bestehe und vor allem, daß es unter der Würde eines Kenners liege, beim Richten und bei der Auslese der Zuchttiere auf dieses Merkmal zu achten, nicht zuletzt weil die Selektion damit verfälscht und zur Eliminierung wertvoller Zuchttiere führen würde. Dieser Meinung schloß sich anfangs der 80er Jahre auch der Rassekenner Dr. Luquet an, wenn er schreibt: «Indem vorzügliche Tiere, die keine oder nur ungenügende Afterkrallen besitzen von der Zucht ausgeschlossen werden, nehmen die Verantwortlichen für die Rasse mit Sicherheit einen Weg, der der guten Auslese entgegensteht.»

1980 beschloß die Generalversammlung der FCI: «Es wird empfohlen, Hunde, bei denen der Standard Afterkrallen bzw. doppelte Afterkrallen verlangt, nicht zu disqualifizieren, wenn diese Krallen operativ entfernt werden mußten. Den standardgebenden Ländern wird empfohlen, die Standards in dieser Richtung hin neu zu überprüfen und die Afterkrallen als Rassemerkmal fallen zu lassen.»

Doppelte Afterkralle beim Beauceron

Die französischen Rasseklubs mochten dieser Empfehlung nicht folgen und 1981 entgegnete Dr. Millemann: «Die Zuchtregel lautet schließlich, doppelte Afterkrallen müssen vorhanden sein – und damit basta !»
Somit wird zumindest international – diktiert vom standardgebenden Mutterland – noch an den doppelten Afterkrallen festgehalten. Die einfache Afterkralle ist eigentlich die fünfte Zehe, die bei den Caniden im Verlauf der Stammesgeschichte überflüssig geworden ist.
Bei den meisten Rassehunden werden diese Krallen daher kurz nach der Geburt entfernt, weil sie den Hund behindern und von keinem echten Nutzen sind. Bei den Beaucerons und den Briards verlangt der Standard doppelte Afterkrallen, also eine fünfte und sechste Zehe.
Bei den Berger des Pyrénées sind sie erwünscht. Diese vermehrte Zehenzahl (Polydaktylie) ist aber eindeutig eine Anomalie, die in der Vergangenheit zum Standardideal erhoben wurde. Der Präsident des französischen Beauceronklubs verteidigt sie als liebgewordenes Rassemerkmal. Dr. Hans Räber hingegen meinte im Rahmen eines Vortrages: «Die Freude an skurrilen Formen hört in der Tierzucht da auf, wo diese zu einer Einschränkung der Lebensqualität für das Tier führen».
Rasseklubs die zuchtbedingte Einschränkungen der Lebensqualität tolerieren, machen sich der Extremzucht schuldig. Eine Rückbesinnung auf die großen Kynologen wie Albert Heim, der die doppelten Afterkrallen beim Bernhardiner ächtete, wie Prof. Bouchet und Dr. Luquet, die deutlich sagten, was davon zu halten ist, wäre für die französischen Schäferhunde von Vorteil. Was die nächste Standardrevision in dieser Frage bringen wird, die im Zusammenhang mit der Umsetzung des Europäischen Tierschutzgesetzes ansteht, wird die Zukunft zeigen.

Harlekin (Merle-Scheckung)

Farbenzucht ist etwas Faszinierendes, Tiere mit schöner Färbung zu züchten ist denn auch der Wunsch vieler Züchter. Der Standard verlangt beim Harlekin eine regelmäßige Zeichnung. Züchter, die mit den genetischen Grundlagen zu wenig vertraut sind, laufen Gefahr, die Farbintensität und die Farbverteilung als Selektionskriterium zu verwenden. Doch Eigenschaften, die sich züchterisch nicht beeinflussen lassen, als Kriterium für die Zuchtauswahl zu verwenden, ist unsinnig und letztlich sogar schädlich für die Rasse. Die Versuchung ist (zu) groß, vorrangige Selektionskriterien wie Gesundheit, erwünschter Charakter (Wesen) und korrektes Gebäude der möglichst vollkommenen Färbung unterzuordnen.
Beim Beauceron kennen wir heute von den vielen ursprünglich anerkannten Farbschlägen nur noch deren zwei. Nämlich den schwarz-brand-

Beaucerons: links Harlekin, rechts schwarzrot

farbenen, also schwarz mit feuerrot (Bas Rouge) und den gescheckten Harlekin (Merle-Schekkung / Blue-Merle). Auch beim Berger des Pyrénées ist die Harlekinfarbe vom Standard anerkannt.

Es ist in der wissenschaftlichen Literatur unbestritten, daß für die Harlekinscheckung ein Allel (alternative Form eines Gens) aus der Marmorierungs- oder Merle-Serie verantwortlich ist, auch wenn andere Autoren, ohne dafür Belege zu bieten, behaupten, daß dies bei den französischen Schäferhunden umstritten sei.

Der Erbgang des Merlefaktor verhält sich nach den einfachen Mendelschen Regeln, so daß beispielsweise bei der Verpaarung eines schwarzrot gefärbten Beaucerons (mm) mit einem Harlekin (Mm) im statistischen Schnitt je 50 % schwarzrote Welpen, respektive solche mit Harlekinscheckung geboren werden. Unverantwortlich und vom tierschützerischen Standpunkt völlig abzulehnen sind Verpaarungen zweier Harlekine, da daraus 25 % reinerbige Harlekine (MM: großteils weiß gefärbt, sogenannte Weißtiger) zu erwarten sind. Unabhängig davon, daß diese Tiere oft gesundheitlich geschädigt sind, hat man mit einer solchen Verpaarung bewußt fehlfarbene Hunde in Kauf genommen. In einigen Ländern und vernünftigen Zuchtbestimmungen sind solche Verpaarungen untersagt, in Frankreich ist dies bis heute gestattet.

Obwohl Harlekinhunde (Mm) für den Betrachter sehr attraktiv sein können, ist die Zucht dieses Farbschlages aus verschiedenen Überlegungen zumindest für problematisch zu erachten.

Einerseits entzieht sich die regelmäßige Verteilung der grauen Flecken und Platten jeglicher Kontrolle durch den Züchter, andererseits wird in Fachkreisen vermutet, daß die Harlekinscheckung zusätzlich mit gesundheitlichen Problemen gekoppelt ist. Bereits Burns und Fraser haben 1966 darauf hingewiesen, daß der Merlefaktor (M) «Glasaugen» (glashell bis blau) verursachen kann, sofern ein Fleck einschränkendes Pigment sich zufällig über das Auge ausbreitet. M. B. Willis hält fest, daß die Mikrophthalmie (ein ungewöhnlich kleines Auge, das als Anomalie bezeichnet werden muß) bei verschiedenen Rassen nachgewiesen in Verbindung mit der Merle-Scheckung zu beobachten sei und zitiert noch weitere deutsche Genetiker und Veterinärmediziner, die dokumentieren konnten, daß das Merle-Gen einerseits für Augen- und Gehördefekte verantwortlich war, andererseits auch Schwächen bei der Samenproduktion verursachte. Und diese Mängel waren nicht nur bei den homozygoten Tieren (MM) vorhanden, sondern haben sich auch bei heterozygoten Hunden (Mm) in verschieden starker Ausprägung nachweisen lassen. Bei der Züchtung dieses

Farbschlags begibt man sich unweigerlich in den Bereich der Problemzüchtungen.
Vorerst müssen wir davon ausgehen, daß die Harlekinscheckung nicht nur eine ästhetisch durchaus hübsche Farbvariante ist, sondern auch eine biologische Schwächung bedingen kann. Obwohl sich Untersuchungsergebnisse einer Hunderasse nicht ohne weiteres auf andere Rassen übertragen lassen, sollten uns solche Ergebnisse zumindest zur Vorsicht mahnen, die Zucht der Harlekine nicht übermäßig zu forcieren. Die zur genaueren Abklärung notwendigen Untersuchungen sind nur in Zusammenarbeit mit Frankreich sinnvoll, wo genügend Harlekine unserer Rassen gezüchtet werden. In einer Zeit, wo die Bürger verstärkt für tierschützerische Fragen sensibilisiert sind, wird sich jeder nationale Rasseklub zunehmend dieser Fragen annehmen müssen. Es macht keinen Sinn, das Wohl und den Ruf einer Rasse wegen eines vielleicht mit gesundheitlichen Problemen belasteten Farbschlages aufs Spiel zu setzen.
Auch die zukünftigen Welpenkäufer tragen hier eine große Verantwortung. Wenn die Nachfrage nach Harlekinhunden zurückgeht, werden weniger Hunde dieser Farbvariante gezüchtet. Wenn die Welpenkäufer den Züchtern klar machen, daß sie niemals Welpen aus Verpaarungen zweier Harlekins kaufen werden, so werden auch die uneinsichtigsten Züchter darauf reagieren müssen.

Hüftgelenkdysplasie (HD)

Als Hüftgelenkdysplasie wird eine ein- oder beidseitige Entwicklungsanomalie der Beckenrandpfanne (Azetabulum) und des Oberschenkelkopfes (Caput femoris) bezeichnet. Wegen der schlechten Anpassung von Femurkopf und Pfanne kommt es bei normaler Belastung zu Deformationen und im späteren Leben zu arthrotischen Veränderungen des Gelenkes. Je nach Ausprägung der Anomalie und Fortschritt der Arthrose manifestieren sich verschiedene klinische Symptome, die von leichten, kaum wahrnehmbaren Bewegungseinschränkungen bis hin zur hochgradig schmerzhaften Lähmung der Hinterhand reichen.
Die Hüftgelenkdysplasie beim Hund – sie kommt auch bei anderen Säugetieren vor – wurde 1935 erstmals vom amerikanischen Tierarzt G. B. Schnelle beschrieben. Kein ernsthafter Genetiker bestreitet, daß die HD polygen vererbt wird. Über den Erblichkeitsgrad (Heritabilität) wurden je nach Studie verschiedene Angaben gemacht. Er soll sich aber zwischen 25 und 45 % bewegen.
Mit anderen Worten, die Umweltbedingungen (Aufzucht, Fütterung, körperliche Belastung usw.) haben beim einzelnen Individuum zusätzlich einen maßgebenden Einfluß auf die Entwicklung der Hüftgelenke. Die Tatsache, daß große und schnellwachsende Hunde stärker von der HD betroffen sind als kleinwüchsige Rassen, läßt darauf schließen, daß Wachstumsgeschwindigkeit und Gewicht auch zu den Umweltfaktoren zu zählen sind, die den Ausprägungsgrad der HD mitbeeinflussen.
Seit einigen Jahrzehnten versuchen die einzelnen Zuchtverbände die Verbreitung der HD bei den von ihnen betreuten Rassen einzudämmen. Auch Fachleute können sichere Aussagen über den Zustand der Hüftgelenke nur durch die Auswertung von Röntgenaufnahmen machen.
Diagnosen durch Beobachtung des Gangwerkes sind zu ungenau und nicht aussagekräftig. Deshalb müssen Zuchttiere, bevor sie vom zuständigen Rasseklub zur Zucht zugelassen werden, geröntgt werden.
Die Auswertung dieser Bilder erfolgt durch ein international standardisiertes Verfahren, welches eine relativ objektive Bewertung des Gelenkzustandes erlaubt.

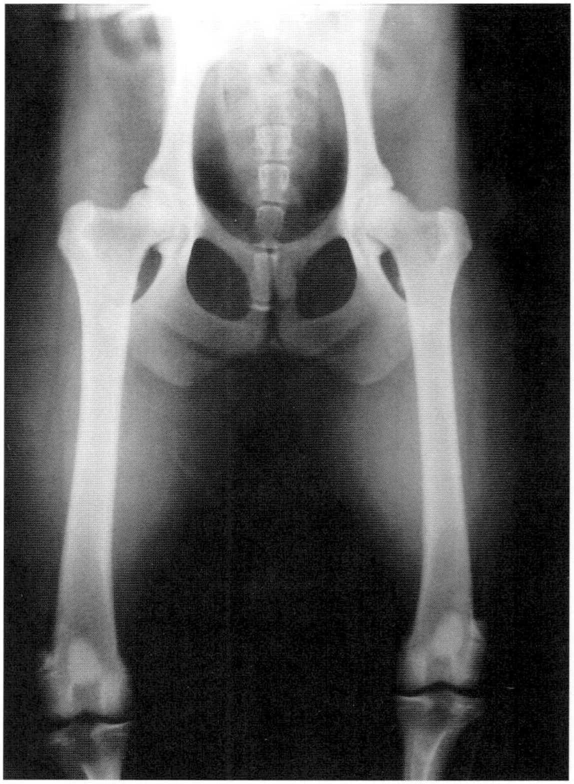

Gesunde Hüftgelenke eines Berger des Pyrénées

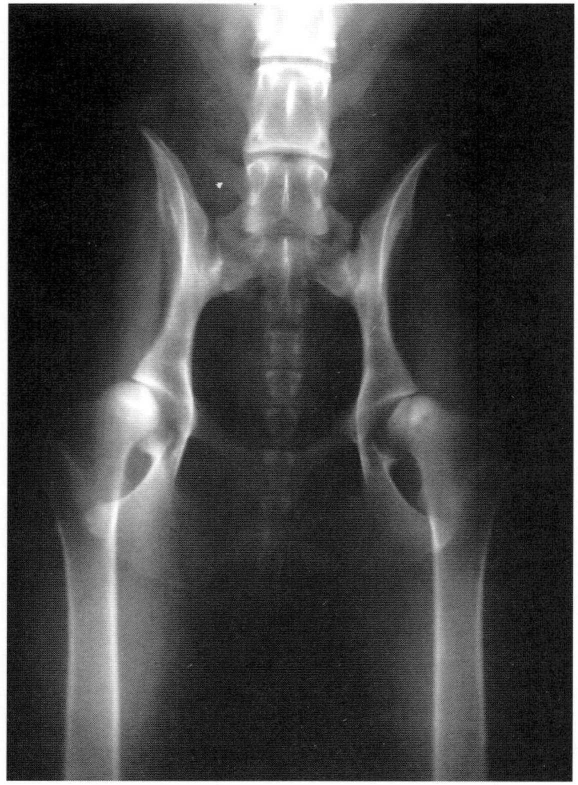

Dysplastisch veränderte Hüftgelenke eines Berger Picard

Bedeutung	**Bewertung**
HD-frei	A
Übergangsform	B
leichte HD	C
mittlere HD	D
schwere HD	E

Je nach Zuchtbestimmungen und Rasse werden verschiedene HD-Grade für die Zuchtzulassung akzeptiert. In Frankreich verzichten die Rasseklubs leider noch immer darauf, die HD-Untersuchung für Zuchttiere vorzuschreiben. Deshalb sind zuverlässige Aussagen über den durchschnittlichen Zustand der Hüftgelenke bei den französischen Schäferhunden schwierig.
Die HD ist eine Erkrankung, die von den meisten Rasseklubs und Züchtern ernsthaft bekämpft wird, und so soll es im Interesse unserer Hunde auch bleiben. Aber sie ist nicht das einzige wichtige züchterische Problem. Es gibt unzählige andere Erkrankungen und Mängel, die viel gravierendere Auswirkungen haben, für die Hunde selbst und für die Besitzer! Es sei hier

nur an Wesensschwäche, die das Verhalten verändernde Epilepsie oder an die verschiedenen vererbbaren Augenleiden, die bis zur Blindheit des Hundes führen können, erinnert.

Patellaluxation (Kniescheiben-Verrenkung)

Für die drei größeren französischen Schäferhunde ist das Risiko für Patellaluxation sehr gering. Für den Berger des Pyrénées ist es hingegen etwas größer.

Bei der Patellaluxation springt die Kniescheibe plötzlich während normaler Bewegung aus der Fuge und der betroffene Hund kann sein Bein nicht mehr belasten. Bei Untersuchungen hat sich gezeigt, daß Hündinnen stärker betroffen sind als Rüden und daß für Zwergrassen (unter 9 kg) das Risiko für Patellaluxation rund zwölfmal höher ist als für große Rassen. Es wird angenommen, daß dieses Leiden durch eine Veränderung der Anatomie des Kniegelenks, die durch den Zwergwuchs bedingt ist, verursacht wird.

Wenn auch die Kniescheiben-Verrenkung beim Pyrénées noch kein gravierendes Problem ist, sind die Züchter trotzdem gut beraten, bei ihren Hunden auf gesunde Kniegelenke zu achten und vor allem den Trend nicht mitzumachen, immer noch kleinere Hunde zu züchten.

Progressive Retina-Atrophie (PRA)

Als Progressive Retina Atrophie (fortschreitender Schwund der Netzhaut des Auges) wird eine erbliche Krankheit bezeichnet, von der in der Literatur mehrere Formen beschrieben werden. Allen gemeinsam ist, daß die betroffenen Hunde in fortgeschrittenem Stadium völlig erblinden.

Der Krankheitsverlauf ist sehr komplex, doch kann stark vereinfacht gesagt werden, daß die Sehstäbchen und -zäpfchen der Netzhaut nach und nach absterben und die Sehleistung stetig abnimmt. Da einige Krankheiten, deren Ursache nicht genetischer Natur sind, ähnliche Symptome zeigen, sollten betroffene Hunde immer von einem Experten untersucht werden.

Beim Picard sind in der Vergangenheit vereinzelte Fälle der PRA festgestellt worden. Um diese tückische Erberkrankung zu bekämpfen, hat der Rasseklub Frankreichs die PRA-Untersuchung für die von ihm betreuten Zuchttiere empfohlen.

Je nach Rasse und PRA-Art beginnt die Krankheit schon im Welpenalter, bei den meisten aber erst im Alter von zwei Jahren. In Einzelfällen kann ein Hund aber sechs bis acht Jahre alt werden, ehe Symptome erkennbar werden und die Krankheit ausbricht. Mit Ausrottungsprogrammen (obligatorische Untersuchung, Zuchtsperre für Merkmalträger) konnte bei mehreren betroffenen Rassen die Erkrankungshäufigkeit von etwas über zehn Prozent in kurzer Zeit auf unter zwei Prozent gesenkt werden.

Seriöse Züchter von Rassen, bei denen PRA diagnostiziert wurde, lassen ihre Hunde auf freiwilliger Basis untersuchen.

Verantwortung der Käufer

Es ist zu bequem, nur die Züchter für die scheinbar zunehmenden Erberkrankungen verantwortlich zu machen. Einerseits werden bei vielen Erkrankungen erst heute die (genetischen) Ursachen erforscht, andererseits treten neue Erkrankungen plötzlich und erstmals in einem Zuchtbestand auf.

Züchter, die verantwortungsbewußt ihre Liebhaberei betreiben, lassen ihre Hunde auf rassespezifische Erbmängel untersuchen, um belastete Zuchttiere gar nicht erst in der Zucht einzusetzen.

Aber auch solche Züchter sind vor Rückschlägen nicht sicher. Es kann vorkommen, daß trotz aller Vorsorge geschädigte Welpen geboren

Picardwelpen, fünf Wochen alt

werden. Doch nicht jeder Mangel, jede Mißbildung oder Erkrankung ist genetisch bedingt. Oft bedarf es aufwendiger Untersuchungen, um Klarheit über die Ursache des Leidens zu bekommen. Auch unter den Züchtern gibt es schwarze Schafe, denen es offenbar egal ist, wenn erbgeschädigte Welpen geboren werden – solange diese Welpen Käufer finden.

Wissenswertes vor dem Kauf

Rüde oder Hündin?

Die Vor- und Nachteile beider Geschlechter halten sich in etwa die Waage.
Der Rüde wird meist etwas größer und kräftiger und neigt dazu, beim Spazierengehen an möglichst jeder Ecke zu markieren.
Die Hündin wird im allgemeinen im Alter von 9 bis 15 Monaten zum ersten Mal läufig, danach alle sechs bis zwölf Monate, wobei es große individuelle Unterschiede gibt. Die Dauer der Läufigkeit beträgt etwa drei Wochen, und in dieser Zeit muß die Hündin besonders gewissenhaft beaufsichtigt werden.
Die individuellen Unterschiede der Charaktere sowohl bei den Rüden als auch bei den Hündinnen sind oft größer als jene zwischen den Geschlechtern. Die weit verbreitete Meinung, Hündinnen seien anhänglicher, treuer, freundlicher, leichter zu erziehen und weniger dominant trifft bei weitem nicht immer zu, und bei der Auswahl des Welpen ist vielmehr das individuelle Wesen zu berücksichtigen und die Beratung durch den Züchter ist sinnvoll und wichtig.

Wo kaufen?

Hat man sich für den Kauf eines Hundes der betreffenden Rasse entschlossen, ist es besonders wichtig, sich genügend Zeit für die Suche nach einem guten Züchter zu nehmen. Dabei ist es von Vorteil, sich verschiedene Zuchtstätten anzusehen, um sich eine persönliche Meinung bilden zu können; nützliche Kontakte können sich auch durch den Besuch von Hundeausstel-

Beauceronwelpe, acht Wochen alt

Picardwelpe, zehn Wochen alt

lungen und Hundesportveranstaltungen ergeben.
Die meisten Käufer unterschätzen die wichtige Rolle des Züchters. Durch seine Auswahl der Elterntiere und vor allem durch die fachgerechte Aufzucht der Welpen beeinflußt er entscheidend die körperliche und psychische Entwicklung der Hunde. Wichtige Kriterien sind der Pflege- und Gesundheitszustand der Hunde, die ordentliche Unterbringung, der Umgang des Züchters mit den Hunden und natürlich das Verhalten der erwachsenen Hunde und Welpen gegenüber dem Züchter und Fremden.

Auswahl des Welpen

Die Wahl fällt leichter, wenn vorher einige Punkte festgelegt werden, wie zum Beispiel Geschlecht, Farbe, kupiert oder unkupiert, wobei die diesbezüglichen gesetzlichen Bestimmungen eingehalten werden müssen.
Alle Welpen sollten neugierig und zutraulich sein, vor allem im Bereich des Wesens ist die Beratung durch den Züchter ganz besonders wichtig, da die richtige Einschätzung des Charakters, Verhaltens und Temperaments bei einem Besuch nicht möglich ist.

Abgabealter

Von Land zu Land sind die Bestimmungen unterschiedlich und auch die Meinungen der Züchter differieren, im allgemeinen sind die Welpen ab einem Alter von acht Wochen so weit, um zu ihrem neuen Besitzer zu kommen.

Formalitäten

Ahnentafel: Die Ahnentafel ist die Bestätigung der rassereinen Abstammung des Hundes, sie ist für den Käufer kostenlos.
Kaufvertrag: Sowohl für den Züchter als auch für den Welpenkäufer ist der Abschluß eines Kaufvertrages mit den üblichen Angaben über Verkäufer, Käufer, Hund und Preis unbedingt zu empfehlen. Sinnvoll ist eine Bestätigung über die Übernahme/Übergabe von Impfpaß und Ahnentafel und vor allem sollten evtl. ersichtliche und möglicherweise preismindernde Mängel (wie zum Beispiel fehlerhafte Gebißstellung, fehlende Afterkrallen, Fehlfarbe ...) festgehalten werden, ebenso besondere Zusatzvereinbarungen wie HD-Kaution, Deckrecht etc. Gewöhnlich werden Welpen als Haus- und Familienhund verkauft und gekauft, kein seriöser Züchter kann einen zehn Wochen alten Welpen als Zucht-, Ausstellungs- oder Arbeitshund verkaufen.

Sonstiges
Vor dem Kauf ist die beabsichtigte Hundehaltung gegebenfalls mit dem Vermieter abzuklären bzw. der Mietvertrag zu Rate zu ziehen.

Kosten: Die Anschaffung eines Hundes ist eine Sache, die laufenden Kosten eine andere. Als Faustregel gilt, daß die laufenden Kosten (Futter, Steuer, Impfungen, Versicherung usw.) jährlich in etwa einem durchschnittlichen Welpenpreis entsprechen. Dazu müssen noch unvorhergesehene Ausgaben, wie zum Beispiel Tierarzthonorare, einkalkuliert werden.
Wichtig und empfehlenswert ist der Abschluß einer Hundehaftpflichtversicherung (oftmals in Verbindung mit einer Haushaltsversicherung), da der Hundebesitzer in der Regel für alle von seinem Hund verursachten Schäden haftet.

Pflegehinweise

Haarpflege

Die Behaarung der französischen Schäferhunde ist dann schön, wenn sie natürlich aber nicht ungepflegt ist.

Briard

Beauceron: Für die Fellpflege ist wenig Aufwand nötig. Üblicherweise genügt das Durchkämmen mit einer kräftigen Bürste einmal monatlich, in der Zeit des Haarwechsels wöchentlich.

Briard: Der Briard muß regelmäßig gründlich gebürstet werden (1 x wöchentlich ca. 45 bis 60 Min.). Der Pflegeaufwand ist individuell sehr verschieden und stark von der Beschaffenheit des Haares abhängig. Hunde, die das vom Standard gewünschte Ziegenhaar besitzen, sind viel leichter zu pflegen als solche mit weicherem, wolligerem Fell. Schon der Welpe wird mit einer Bürste mit Naturborsten gebürstet, um ihn an diese Prozedur zu gewöhnen. Für erwachsene Hunde ist eine Bürste mit geraden Metallborsten auf einer Gummiunterlage geeignet, zur Beseitigung von evtl. Verfilzungen wird ein grobzinkiger Kamm verwendet. Zum Bürsten legt man den Hund auf die Seite und beginnt bei den Pfoten, das Haar wird strähnenweise nach unten gebürstet. So arbeitet man sich bis zum Rücken nach oben und kann dabei das Haar in kleinen Abschnitten – je nach Notwendigkeit – durchbürsten und kämmen. Anschließend werden Hals, Kopf, Ohren und Rute gründlich gebürstet, schlußendlich wird der Hund belohnt.

Berger Picard: Je nach Behaarung wird der Picard wöchentlich bis 14täglich gründlich gebürstet. Geeignet ist eine Bürste mit geraden Metall- und eine mit Naturborsten bzw. ein grobzinkiger Kamm zur Entfernung kleiner Verfilzungen.

Berger des Pyrénées: Die richtige Pflege besteht in regelmäßigem, gründlichem Bürsten alle zwei Wochen. Bei sehr lang und eher wollig behaarten Hunden kann es notwendig sein, das Fell hinter den Ohren, an der Rückseite der Vorderläufe und an den Hinterläufen zu kämmen, um evtl. Verfilzungen vorzubeugen, man verwendet dazu einen grobzinkigen Kamm.

Baden

Der Hund sollte nur selten und bei wirklicher Notwendigkeit gebadet werden, dazu verwendet man am besten ein Hundeshampoo.
Baden in einem See oder Fluß und Duschen mit reinem Wasser schadet dem Fell nicht.

Afterkrallen

Sie müssen regelmäßig mit einer Krallenzange gekürzt werden, da sie sich nicht von selbst abnutzen und in den Ballen einwachsen können.

Parasiten

Bei zahlreichen Gelegenheiten kann ein Hund Ungeziefer, vor allem Flöhe, auflesen; im Sommer stellen gebietsweise Zecken ein Problem dar. Abhilfe versprechen zahlreiche Präparate mit verschiedener Wirkungszeit und unterschiedlichem Wirkungsgrad, zum Beispiel Flohschutzbänder, Lösungen zum Auftragen auf die Haut, Tabletten, Pumpsprays usw. Regelmäßig kommen neue Produkte auf den Markt, empfehlenswert ist die Beratung durch den Tierarzt oder Züchter.
Ein wichtiger Punkt ist regelmäßiges, vorbeugendes Entwurmen ca. alle sechs Monate. Je nach Körpergewicht erhält der Hund die entsprechende Menge an Tabletten oder Paste.

Berger des Pyrénées

Impfungen

Beim Kauf des Welpen ist dieser je nach Alter bereits ein- oder mehrmals geimpft. Auffrischungs- und Nachimpfungen sind laut Anweisung des Züchters bzw. Tierarztes notwendig. Später wird der Hund einmal jährlich geimpft.

Fütterung

Die auf dem Markt befindliche unterschiedliche Fertignahrung in Dosen oder als Trockenfutter ist meist von ausgezeichneter Qualität und entspricht den Anforderungen moderner Hundeernährung. Nähere Angaben zur Fütterung würden den Rahmen dieses Buches sprengen und wir empfehlen die entsprechende Fachliteratur. Im allgemeinen wird man mit der Empfehlung des Züchters gut beraten sein.

Hundeausstellungen

Schon bald nach Festlegung der ersten Standards wurden Schönheitskonkurrenzen durchgeführt. Dienten sie am Anfang noch der Zucht, indem die Richter mithalfen, gute Rassevertreter zu selektionieren, verkommen sie heute mehr und mehr zu Schauen, in denen oft persönliche Eitelkeiten von Richtern und Hundebesitzern Urständ feiern. Besonders Rassen, die plötzlich zu Modehunden werden, sind der Gefahr ausgesetzt, daß die ursprünglichen Arbeitsqualitäten verloren gehen. Mit einem Mal wird die Nachfrage so groß, daß mehr Welpen produziert werden «müssen», als es der Rasse gut tut. Jeder Hund, welcher der in Mode gekommenen Rasse ähnelt, ob mit oder ohne Ahnentafel, läßt sich gut verkaufen – und damit beginnt der Niedergang. Es muß noch mehr Fell sein, die Haare müssen noch länger werden, lieber ganz groß oder ganz klein und auf der Strecke bleibt das, was unsere Hunde auszeichnet: ihr Charakter, ihr Arbeitswille und ihre Arbeitsfähigkeit.
Der Leitspruch erfolgreicher Züchter und Schäfer war von jeher: «Es gibt keine gute Herde ohne guten Schäfer und keinen guten Schäfer ohne guten Hund» und «Ein guter Hund hat keine schlechte Farbe.» Aus diesem Grund haben sich in den meisten Rassen immer wieder Züchter gefunden, denen Ausstellungspokale und Schönheitschampiontitel weniger wichtig waren als der Nachweis der Leistungsfähigkeit. Der Stolz jedes Züchters sind gesunde Hunde, die dem Standard möglichst vollkommen entsprechen, und dazu gehören auch und vor allem die charakterlichen Eigenschaften.
Trotz dieser kritischen Vorbehalte sind Hundeausstellungen das Schaufenster der Kynologie und noch immer wichtige Veranstaltungen für Züchter und Hundebesitzer, wo die Qualität der Hunde verglichen werden kann, wo Kontakte geknüpft und Freundschaften geschlossen werden können.

Welche Ausstellungen gibt es?

Internationale Hundeausstellungen
Je nach Anzahl der Zuchtbucheintragungen kann jedes Land eine bestimmte Anzahl internationaler Ausstellungen (offen für alle Rassen) pro Jahr veranstalten, wo neben der Anwartschaft für den jeweiligen nationalen Schönheitschampion (CAC) auch die für den internationalen Schönheitschampion (CACIB) vergeben werden kann, deshalb der Name «Internationale Ausstellung». An solchen Ausstellungen werden oft mehrere Tausend Hunde aus vielen Ländern ausgestellt.
Besonders gut besucht ist die einmal jährlich stattfindende Welthundeausstellung der F.C.I., wo die Titel «Weltsieger» und «Weltjugendsieger» vergeben werden, weiters die Europasiegerausstellung mit den Europasiegertiteln.

Nationale Hundeausstellungen
Auf diesen für alle Rassen offenen Ausstellungen kann nur die Anwartschaft auf den nationa-

len Schönheitschampion (CAC) vergeben werden, daher sind meist weniger Hunde gemeldet.

Clubschauen, Landesgruppenschauen

Solche Veranstaltung sind ebenfalls nationale Ausstellungen, die aber nur für bestimmte Rassen oder Rassegruppen wie zum Beispiel französische Schäferhunde veranstaltet werden.

Anmeldung

Für alle Ausstellungen können bei den nationalen Hundeverbänden Meldeunterlagen angefordert werden, die bis ca. sechs Wochen vor der Ausstellung ausgefüllt eingeschickt werden müssen, gleichzeitig ist die Meldegebühr zu bezahlen.

Vorbereitung auf die Ausstellung

Die französischen Schäferhunde sollen gepflegt auf der Ausstellung erscheinen aber doch einigermaßen naturbelassen und nicht übertrieben gestylt. Sie dürfen mindestens drei bis vier Wochen vorher nicht gebadet werden. In letzter Zeit trifft man insbesondere bei den Briards immer wieder auf Aussteller, die ihren Hund vor dem Richten stundenlang bürsten und sogar noch beim Vorführen schnell mit der Bürste jedes Haar in die vermeintlich richtige Lage bringen. Das ist für einen Gebrauchshund verwerflich und der Besitzer gibt sich der Lächerlichkeit preis … Jeder Aussteller soll seinen Hund möglichst vorteilhaft präsentieren, was vorher entsprechend geübt werden kann. Der Hund muß sich vom Richter anfassen lassen, soll aufmerksam stehen und in richtigem Tempo bei loser Leine an der linken Seite des Vorführers entgegen dem Uhrzeigersinn traben. Das Zeigen der Zähne erfolgt am besten wenn der Hund sitzt, die Schneidezähne werden bei geschlossenem Maul und hochgezogenen Lefzen gezeigt, die restlichen Zähne bei leicht geöffnetem Fang.

Beurteilung

In den offiziellen Rassebeschreibungen ist das Idealbild der jeweiligen Rasse genau beschrieben, und die vorgeführten Hunde werden von einem anerkannten Richter entsprechend beurteilt und bewertet. Je nach Land gibt es unterschiedliche Bewertungssysteme, in Mitteleuropa sind folgende Bestimmungen üblich:
Rüden und Hündinnen werden getrennt gerichtet, es erfolgt eine Aufteilung in verschiedene Klassen, wobei es nationale Unterschiede geben kann. Auf internationalen Ausstellungen ist folgende Einteilung gebräuchlich:

Jüngstenklasse: 6 – 9 Monate
Jugendklasse: 9 – 18 Monate
Offene Klasse: ab 15 Monate
Gebrauchshundeklasse: für Hunde mit entsprechenden Prüfungen.
Championklasse: für nationale oder internationale Champions, in Deutschland auch für Welt- und Europasieger.

Es können folgende Formwertnoten vergeben werden:

Vorzüglich (Jüngstenklasse vielversprechend)
Sehr gut (Jüngstenklasse versprechend)
Gut
Befriedigend (nur in Österreich)
Genügend (Jüngstenklasse noch entsprechend)
Ungenügend (Jüngstenklasse nicht entsprechend)

Ohne Bewertung wird ein Hund aus dem Ring geschickt, der nicht beurteilt werden kann, weil zum Beispiel keine Kontrolle des Gebisses möglich ist oder er den Richter (fast) beißt.
Disqualifiziert wird ein Hund, bei dem unerlaubte Manipulationen festgestellt werden, zum Beispiel eine chirurgisch korrigierte Rutenhaltung, ein gefärbtes Haarkleid etc.
Gewöhnlich werden die ersten vier Hunde einer Klasse gereiht (zum Beispiel: Vorzüglich 1, Vorzüglich 2, Sehr gut 3, Sehr gut 4).

Anwartschaften und Titel

Jugendsieger: für den besten Rüden und die beste Hündin der Jugendklasse.

CACIB (Anwartschaft auf den Internationalen Schönheitschampion): für den besten mit Vorzüglich bewerteten erwachsenen Rüden und Hündin (aus der offenen, Gebrauchshunde- oder Championklasse).

CAC (Anwartschaft auf den Nationalen Schönheitschampion): wie das CACIB, aber mit nationalen Unterschieden, in manchen Ländern darf das CAC in der Siegerklasse nicht vergeben werden, in anderen Ländern kann das CAC an den besten erwachsenen Hund jeder Klasse vergeben werden (zum Beispiel Österreich).

VDH-CHA (Anwartschaft auf den Deutschen Champion VDH): Als Besonderheit gibt es in Deutschland zwei Arten von nationalen Champions, den Deutschen Champion Club (mit der Anwartschaft CAC) und den Deutschen Champion VDH (mit der Anwartschaft VDH-CHA). Letztere kann in jeder Klasse (offene, Ge-

Briard

Gut präsentierter Beauceron

Besonderheiten

In manchen Ländern dürfen keine kupierten Hunde ausgestellt werden oder nur solche, die aus Ländern stammen, in denen das Kupieren erlaubt ist. Die aktuellen Bestimmungen sind gewöhnlich aus den Meldescheinen ersichtlich.
Briard: In Frankreich, Deutschland und der Schweiz werden die Briards nach Farben getrennt gerichtet, einerseits die fauven Hunde, andererseits die schwarzen und grauen Hunde. In Österreich gibt es keine Farbtrennung.
Berger des Pyrénées: Die Varietät «face rase» wird als eigene Rasse gerichtet mit eigenen Anwartschaften und Titelvergaben. Es liegt in der Entscheidung des Richters, einen Hund als «museau normal» oder als «face rase» einzustufen und entsprechend zu richten.

brauchshunde- und Championklasse) vergeben werden, zusätzlich zum CAC.
Reserve-CACIB und Reserve-CAC: können an den jeweils zweitbesten mit Vorzüglich bewerteten Hund vergeben werden und werden jeweils dann bestätigt, wenn der erstplazierte Hund bereits Träger des entsprechenden Titels ist.
BOB (Best of Breed = Rassebester): wird aus den Siegern der einzelnen Klassen ermittelt.
BOG (Best of Group = Gruppenbester): Gemäß den Bestimmungen der F.C.I. werden alle Hunderassen in zehn verschiedene Gruppen eingeteilt, die französischen Schäferhunde gehören zur Gruppe 1 (Hütehunde und Treibhunde, Sektion 1 – Schäferhunde mit Arbeitsprüfung). Alle Rassebesten treten gruppenweise zum Titel des Gruppensiegers an.
BIS (Best in Show = Bester Hund der Ausstellung): wird aus den Siegern der zehn Gruppen ermittelt, auf Clubschauen aus den Rassebesten der vorgeführten Rassen.

Berger des Pyrénées

Die Grunderziehung

Text und Bilder von Urs Ochsenbein

Für jeden Hund, der aus dem Welpenzwinger zu uns gekommen ist, wirkt alles neu, was er nun vorfindet, und es beeindruckt ihn stark. Deshalb beschränken wir uns vorerst darauf, die nötigsten Tabus zu setzen. Das heißt, wir geben ihm zu verstehen, was er tun darf und was nicht.
Wann aber sollten wir – darüber hinausgehend – mit der eigentlichen Erziehung beginnen? Grundsätzlich dann, wenn sich zwischen uns und dem jungen Tier eine genügend starke Bindung ergeben hat.
Ein Anhaltspunkt dafür ist, wenn der kleine Hund uns beim Spazieren aus eigenem Antrieb gut nachfolgt. Natürlich wird er bei Ablenkungen wie spielenden Hunden, verlockenden Gerüchen oder andersartigen Tieren noch zurückbleiben oder vorprellen. Dort aber, wo nichts Derartiges ihn reizt, und er sich immer wieder uns anschließt, ohne daß wir ihn gerufen haben, ist dies ein untrügliches Zeichen dafür, daß sich seine Beziehung zu uns gefestigt hat. Jetzt können wir mit der grundlegenden Erziehung beginnen, ohne ihn zu überfordern. Dazu gehört vor allem das Herbeirufen.
Damit sollten wir aber nicht anfangen, weil sowohl uns als auch dem Hund noch einige Vorkenntnisse fehlen. Um diese zu erwerben, beginnen wir mit einfacheren Übungen, wie sie im folgenden beschrieben werden. Es geht für uns darum zu lernen, wie man sich mit dem Hund verständigen kann. So erhalten wir Einblick in die Art des hundlichen Lernens und erkennen das im Vergleich zum Menschen – auch zum Kind – begrenzte Auffassungsvermögen des Hundes.

Die vier Grundübungen

1. Gehen und Wenden

Wir wählen dazu einen Weg, noch besser einen Waldweg. Hier bewegen wir uns zügig ausschreitend hin und her. Üben wir auf freiem Feld, so gehen wir auf markante Zielpunkte zu, damit wir uns geradlinig fortbewegen. Das ist wichtig, weil dadurch das Raumgefühl des Hundes angesprochen wird. Die Wendungen erfolgen stets «rechtsumkehrt», und sie werden nicht im Bogen, sondern auf einem Punkt ausgeführt.
Die Leine wird an ihrem äußersten Ende mit der rechten Hand gehalten, der Hund befindet sich an unserer linken Seite. So wird er bei der Wendung mitgenommen. Diese erfolgt jeweils nach etwa 10 bis 20 Metern und wird mehrmals wiederholt. Bei diesem Hin- und Hergehen bleiben wir stumm und wenden uns in keiner Weise dem Hund zu, damit er sich an unserer Bewegungsweise orientiert und uns bald von selbst nachfolgt. Nach mehreren Wendungen wird der Hund merklich aufmerksamer und gefügiger an unserer Seite gehen. Jetzt brechen wir die Übung ab und loben den Hund.
Jeder weitere Grundübung wird mit dem Gehen und Wenden eingeleitet.

Gehen, Anhalten, Setzen
1. Die erste Grundübung besteht im geradlinigen Hin- und Hergehen. Gewendet wird jeweils auf einem Punkt.

2. Folgt der Hund gut an locker durchhängender Leine, wird diese mit der linken Hand etwas senkrecht angehoben, wobei wir noch einige Meter im gleichen Tempo weitergehen.

2. Gehen, Anhalten und Setzen

Geht der Hund im Laufe der ersten Übung gut an unserer Seite, wobei die Leine locker durchhängt, leiten wir diese zweite Übung ein. Dazu heben wir die Leine mit der linken Hand senkrecht etwas an, gehen aber im gleichen Tempo einige Meter weiter, bevor wir den Schritt bis zum Stillstand verlangsamen.
Da der Hund im Halsband etwas angehoben bleibt, setzt er sich oft von selbst. Tut er es nicht, bleibt die Leine straff gespannt und wird von der rechten Hand übernommen. Mit der linken Hand wird nun die Kruppe des Hundes angetippt, bis er sich setzt.
Hat sich der Hund gesetzt, richten wir uns auf und warten entspannt etwa zwei Sekunden, bevor wir gedehnt «Siiitz» sagen und dabei die Leine sachte senken. Nach einer weiteren Pause, die wir entspannt neben dem Hund stehend verbringen, loben wir den Hund kurz, indem wir ihm die Hand auf den Kopf legen und dabei das Hörzeichen «Brav sitz» geben. Hebt er dabei ab, sagen wir in ruhigem Ton «Nein», wonach wir den Hund erneut wie oben beschrieben zum Sitzen bringen.
Nun wird wiederum eine Pause eingelegt, bevor wir uns nach einem ruhig gesprochenen «Komm» mit dem Hund in Bewegung setzen. Oder wir leinen ihn ab, richten uns auf, warten zwei Sekunden und ermuntern ihn dann zum Freilaufen. Dabei wird man noch unerfahrene Hunde nach dem Lösen der Leine anfangs noch am Halsband in Sitzstellung festhalten.
Schräges Hinsetzen des Hundes korrigiert man erst, wenn sich der Hund schon etwas an die Übung gewohnt hat. Die Leine bleibt dann ebenfalls straff angehoben und wird mit der

3. *Dann wird der Schritt bis zum Stillstand verlangsamt. Die meisten Hunde setzen sich daraufhin von selbst. Tun sie es nicht, so helfen wir ihnen, in Sitzposition zu gelangen, wie es im begleitenden Text unter Punkt 2 beschrieben ist.*

4. *Bis jetzt blieb die Leine mit stets gleichbleibender Spannung angehoben. Nun wird sie sachte gesenkt, wobei wir gedehnt und einfühlsam das Hörzeichen «Siiitz» geben. Es folgt eine Pause von mindestens zwei Sekunden, damit der Hund Zeit hat, sich in die Sitzposition einzufühlen.*

5. *So verknüpft der Hund das nachfolgende Lob (ruhiges Auflegen der Hand auf den Kopf) mit dem vorausgegangenen Sichsetzen.*

6. *Ganz wichtig ist die erneute Pause, wobei wir entspannt und aufgerichtet neben dem Hund verweilen.*

rechten Hand übernommen. Mit der linken Hand schieben wir den Hund exakt an unsere Seite, richten uns auf und legen die obligate Pause ein, bevor wir die Übung zu Ende führen. Sobald der Hund nach dem Gehen und Anhalten sicher zu sitzen pflegt, gehen wir zur dritten Grundübung, dem Bleiben, über. Es empfiehlt sich, das Anhalten und Setzen oft auch in der Alltagspraxis zu üben. Am wirksamsten tut man dies am Randstein vor dem Überqueren einer Straße und zu Beginn und am Ende einer Treppe. Damit wird bald große Sicherheit beim Hund und bei der Bezugsperson erreicht.

Bleiben
7. Man hat mit den Übungen «Gehen, Wenden» und «Anhalten, Setzen» begonnen. Nun halten wir die geschlossene Handfläche vor den Kopf des Hundes, wobei wir ruhig «Bleib» sagen. Sogleich wird die Hand wieder zurückgenommen.

8. Damit der Hund rasch lernt, braucht er etwas Zeit. Deshalb verweilen wir etwa zwei Sekunden entspannt neben ihm, bevor wir die Bleibübung fortsetzen.

3. Bleiben

Mit der zweiten Grundübung haben wir den Hund neben uns zum Sitzen gebracht. Dies ist die Ausgangsposition.
Nach einer Pause halten wir dem Hund unsere linke Handfläche vor den Kopf und sagen gleichzeitig ruhig (nicht im Befehlston) «Bleib». Sogleich nehmen wir die Hand wieder zurück und warten aufgerichtet und entspannt zwei Sekunden.
Danach treten wir entschlossen vor den Hund. Bleibt er nicht sitzen, sagen wir ruhig «Nein», wonach wir den Hund erneut gemäß der zweiten Grundübung wieder in der Ausgangsposition zum Sitzen bringen. Danach beginnen wir die Bleibübung von vorn. Blieb der Hund jedoch sitzen, nachdem wir vor ihn getreten sind, warten wir entspannt. Zuerst verweilen wir so nur wenige Sekunden, später aber länger. Dies ist die Wartephase, auf die es am Ende ankommt. Dabei blicken wir den Hund nicht an. Wenn er sich hinlegt, reagieren wir nicht. Während den Grundübungen wird überhaupt kein Unterschied zwischen dem Sitzen und dem Liegen des Hundes gemacht, er muß nur bleiben.

9. Nun treten wir entschlossen (nicht zögernd) vor den Hund. Folgt er uns, hört er unser ruhig gesprochenes «Nein», wonach wir die Übung ganz von vorn neu beginnen. Sie beginnt wieder mit dem exakt durchgeführten Bringen in Sitzposition.

10. Die Wartephase kann später nach Belieben ausgedehnt werden, sollte jedoch zu Anfang nicht mehr als zehn Sekunden betragen. Wichtig ist, daß wir dabei entspannt und regungslos verweilen und den Hund nicht anblicken.

11. Jetzt geben wir erneut in ruhigem Ton – und mit dem Handzeichen verbunden – das Hörzeichen «Bleib».

12. Danach erfolgt die für den Hund verständnisfördernde obligate Pause von zwei Sekunden.

13. *Erst jetzt treten wir entschlossen an die Seite des Hundes zurück.*

14. *Ruhig warten wir zwei Sekunden, bevor wir den Hund mit kurzem Handauflegen und dem Hörzeichen «Brav Bleib» loben. Wichtig ist, daß wir danach erneut die obligate Pause einlegen, bevor wir «Komm» sagen und weitergehen. So lernt nämlich der Hund rasch, daß er dieses «Komm» in Ruhe abzuwarten hat.*

Sollte der Hund jedoch während der Wartephase abheben und zu uns kommen oder auch nur stehenbleiben, gehen wir in die Ausgangsposition zurück und beginnen die Arbeit ganz von vorn. Grundsätzlich soll der Hund nie während der Bleibübung korrigiert werden, es wird bei jedem Fehler neu damit begonnen. Auf diese Weise fügen sich für den Hund die einzelnen Handlungsteile zu einem Ganzen zusammen, das ihm fast zum Ritual wird. So erlangt er eine große Sicherheit in der Durchführung.
Bevor wir zum Hund zurücktreten, halten wir ihm die Handfläche erneut vor den Kopf und sagen gleichzeitig «Bleib», dies aber nur solange, wie die Handfläche gezeigt wird. Nach der obligaten Pause von zwei Sekunden treten wir zu ihm zurück, bleiben jedoch aufgerichtet und entspannt während einer weiteren Pause neben ihm stehen. Erst danach wird der Hund kurz mit Handauflegen und gleichzeitigem «Brav Bleib» gelobt. Es ist sehr wichtig, daß nun wiederum eine Pause erfolgt, weil sonst der Hund das Lob rasch als das Zeichen auffaßt, daß die Arbeit beendet sei und er sich frei bewegen dürfe.
Der Hund hat also nach dem Lob am Ende der Bleibübung noch eine Weile neben uns zu sitzen, bevor wir ihn dann entweder zum Mitkommen oder zum Freilaufen ermuntern – dies genauso, wie es am Ende der zweiten Grundübung beschrieben ist.

Bemerkungen

Bei der Bleibübung lernt nicht nur der Hund, sondern ebenso sein Besitzer, was eigentlich der Begriff «Konsequenz» bei der Hundeerziehung bedeutet. Beide haben sich nämlich an eine stets gleichbleibende Handlungsfolge zu halten. Dieses Miteinander-Lernen fördert die gegenseitige Verständigung zwischen Meister und Hund in überraschender Weise. Aber es nimmt die ganze Aufmerksamkeit des Hundes

in Anspruch. Das belastet ihn, und er ermüdet schnell. Deshalb sollten die Grundübungen anfänglich nicht länger als fünf Minuten dauern.
Es gibt Hunde, die sehr schnell begreifen, was hier von ihnen verlangt wird, aber auch solche, die mehrmals unerwünscht reagieren, indem sie zum Beispiel bei der Bleibung mitgehen, wenn der Besitzer vor sie tritt. Das darf nun den Besitzer nicht aus der Ruhe bringen und ärgerlich oder gar böse stimmen. Damit würde er den Hund nur verwirren und vom Lernprozeß ablenken. Das Vorgehen und die innere Stimmung der ausbildenden Person sollten immer gleich bleiben. Sie sollte auch dann Ruhe bewahren, wenn es zu Anfang einiger Wiederholungen bedarf, bis der Hund wie gewünscht reagiert und dies auch mit zunehmender Sicherheit tut.
Am besten faßt der Besitzer die Grundübungen, insbesondere die Bleibübung, als Entspannungsübung für sich selbst auf. Dann wird er sich über Fehlhandlungen des Hundes nicht ärgern, sondern in aller Ruhe und Gelassenheit das Hörzeichen «Nein» sprechen, die im Gang befindliche Übung abbrechen und von neuem beginnen.
Wie die Erfahrung immer wieder zeigt, erlangt der Besitzer durch sein ebenso ruhiges wie auch konsequentes Verhalten zunehmend stärkeren Einfluß auf den Hund. Im Hund dagegen wächst das Vertrauen zum «Chef». Selbst sehr temperamentvolle Hunde sind auf diese Weise unter Kontrolle zu bringen. Voraussetzung bleibt freilich, daß die Grundübungen mit ihren Pausen und Handlungsteilen exakt durchgeführt werden.
Bei der Erziehung und Ausbildung eines Hundes geht es eben nicht darum, möglichst viel und rasch zu lernen. Im Gegenteil, der Erfolg tritt dann bald ein, wenn wenig verlangt, aber exakt geübt wird. Der Hund braucht Zeit, um rasch zu lernen.

4. Herbeikommen

Das Gelingen dieser Übung hängt ebenfalls vom konzentrierten und stets gleichbleibenden Vorgehen des Besitzers ab. Wer hier flüchtig arbeitet, sollte es lieber bleiben lassen. Bemüht man sich jedoch, genau zu sein, bleibt der Erfolg nicht aus. Hat der Besitzer gelernt, wie er sich verhalten muß, damit der Hund versteht, was von ihm verlangt wird, wird dieser sich bald auch sicher herbeirufen lassen.
Wir arbeiten mit einer Hilfsperson, die dem Hund nicht allzu vertraut sein sollte. Am besten suchen wir uns eine Stelle aus, die kanalisierend wirkt, also einen Waldweg oder ein Sträßchen zwischen Böschungen. Der Ort sollte wenig Ablenkung bieten und nicht stark begangen sein. Die Hilfsperson hält den Hund zurück, während

Herbeikommen
15. Der Hund wurde zurückgehalten, die Besitzerin hat sich wortlos entfernt.

wir uns auf etwa 20 bis 30 Meter entfernen. Die Leine führen wir umgehängt oder in der Tasche mit. Wir halten an und wenden uns in Richtung Hund um. Bewegungslos stehenbleibend zählen wir langsam bis zwanzig. Auf unser stets nur einmal zu gebendes Rufzeichen «Komm» oder «Hier» gibt die Hilfsperson den Hund frei. Er eilt auf uns zu. Bis jetzt sind wir bewegungslos stehen geblieben, auch als wir gerufen haben, und das tun wir auch weiter – selbst dann, wenn der Hund an uns vorbeirennt. In den meisten Fällen wendet sich der Hund uns wieder zu. Ist er in greifbarer Nähe, erfassen wir ihn am Halsband, heben es etwas an und bringen den Hund wie bei der Grundübung 2 (Setzen) an unserer linken Seite in Sitzstellung. Danach senken wir das angehobene Halsband unter dem Hörzeichen «Siiitz». Es ist dies das erste Wort, das der Hund nach unserem Rufzeichen hört. Danach richten wir uns auf und bleiben entspannt neben dem Hund stehen. Hebt er ab, bringen wir ihn genau wie zuvor zum Sitzen. Erst nach dieser sehr wichtigen Pause loben wir den Hund kurz mit Handauflegen und gleichzeitigem «Brav Komm», worauf wir uns wieder aufrichten. Der Hund wird somit nicht für das Herbeikommen, sondern dafür gelobt, daß er ruhig neben uns sitzenbleibt. Diese Position wird für ihn zu einer erwünschten Endstellung, die er beim Ertönen des Rufes bald einmal gerne und sicher einnehmen wird. Nach einer weiteren Pause leinen wir den Hund an. Auch dabei hat er sitzenzubleiben. Tut er es nicht, korrigieren wir ihn wie zuvor. Erst nach einer weiteren Pause ermuntern

16. Nun stellt sie sich in einer Distanz von 20 bis 30 Metern auf. Hier wartet sie entspannt und völlig regungslos, wobei sie langsam bis Zwanzig zählt. Danach ruft sie den Hund kurz und klar, aber nur einmal und ohne irgendeine Bewegung zu machen, ab.

17. Der Hund eilt nun zur bewegungslos verharrenden Besitzerin.

18. *Manchmal rennt der Hund an seiner Bezugsperson vorbei, die ihre Position aber nicht verändert, kommt jedoch in der Regel zurück. Können wir ihn fassen, ohne unseren Standpunkt zu verlassen, heben wir ihn am Halsband etwas an, bringen ihn an unsere Seite und veranlassen ihn, die Sitzstellung einzunehmen.*

19. *Um dem Hund Zeit zu geben, sich in die Endposition des Herbeirufens einzufühlen, schalten wir erneut die obligate Pause ein.*

20. *Danach loben wir den Hund wieder kurz mit dem Hörzeichen «Brav Komm» und mit dem Auflegen der Hand.*

wir den Hund mit «Komm» zum Weitergehen. Wir können ihn aber auch ableinen und erst nach einer nochmaligen Pause zum Freilaufen auffordern.

Üben auf dem Spaziergang

Sobald der Hund auf diese Weise mit dem Rufzeichen vertraut gemacht wurde und ihm nun bekannt ist, daß er es mit der Endposition neben der Bezugsperson zu verknüpfen hat, können wir die Übung wie folgt auf unseren Spaziergängen durchführen:

Hat sich der Hund etwas entfernt, bleiben wir stehen und rufen ihn mit einmaligem «Komm» oder «Hier». Reagiert er erwünscht, helfen wir ihm, seinen Platz neben uns korrekt einzunehmen. Dann richten wir uns auf und loben ihn – nach der obligaten Pause. Nach einer weiteren Pause fordern wir ihn zum Freilaufen auf, sofern wir ihn nicht an die Leine nehmen wollen.

Kommt er jedoch auf unseren einmaligen Ruf nicht herbei, verlagern wir unseren Standort seitwärts um 10 bis 20 Meter, bevor wir ein zweites Mal rufen. Das veranlaßt den Hund in der Regel nun doch herbeizukommen. Hat man die Grundübung «Herbeikommen» wirklich mit der nötigen Ruhe, Geduld und Exaktheit geübt, wird der Hund zu einem sicheren Herbeikommen gebracht. Voraussetzung ist freilich, daß wir den Hund unterwegs stets nur dann mit dem dazu gewählten Hörzeichen rufen, wenn wir bereit sind, ihn wirklich korrekt links neben uns in

21. *Erst jetzt nehmen wir den Hund an die Leine.*

22. *Nochmals warten wir aufgerichtet zwei Sekunden, bevor wir «Komm» sagen und dann weitergehen. So merkt sich der Hund, daß die Übung erst mit dem «Komm» zu Ende ist.*

Sitzstellung zu bringen. Lassen wir ihn jedoch nur in unsere Nähe kommen, ohne ihn in die Endposition zu bringen, wird der Hund unseren Ruf bald einmal nicht mehr ernst nehmen.

Zu den Pausen

Die immer wieder erwähnten Pausen haben sich für Hund und Mensch als hilfreich und für den Lernvorgang als beschleunigend erwiesen. Dem Hund wird dadurch Zeit gegeben, die eben vorausgegangene Handlung zu verinnerlichen und sie mit den dazugehörigen Hör- und Sichtzeichen zu verknüpfen. Die den Hund ausbildende Person kann sich auf die von ihr nachfolgend auszuführende Handlung vorbereiten. Das hilft ihr, sich in Ruhe zu konzentrieren.

Freizeit mit dem Hund

Der Hund ist ein soziales Lebewesen. Um psychisch gesund zu bleiben, braucht er den Kontakt und die Auseinandersetzung mit seinem Partner Mensch. Bei ständiger Vereinsamung, sei es im Zwinger oder in der Wohnung, entwickeln sich zwangsläufig Verhaltensstörungen, die dem Hund zur Qual und den Menschen oft zum Ärgernis werden. D. Feddersen, Fachtierärztin für Verhaltenskunde, sagt es deutlich:
«Hundliches Fehlverhalten, in neuerer Zeit zunehmend gerügt, ist in der Regel nicht die Schuld der Hunde, sondern die der Menschen!»
Verantwortungsbewußte Hundehalter beschäftigen sich mit ihrem Hund. Tägliche Spaziergänge mit Spiel und «Abenteuer», bei jeder Witterung, gehören ganz einfach zum Leben der Gattung «Hundehalter».
Französische Schäferhunde sind Arbeitshunde. Sie mußten körperlich und psychisch in der Lage sein, tagtäglich die Schafherden zusammenzutreiben, zu bewachen und notfalls auch zu beschützen. Diese durch die Zucht gefestigten Eigenschaften und Fähigkeiten verlangen geradezu, daß den Schäferhunden die Möglichkeit zur Arbeit geboten wird. Natürlich hat nicht jeder zu Hause seine eigene Schafherde und es gibt mit Sicherheit Unannehmlichkeiten, das «Arbeitsbedürfnis» seines Vierbeiners an der Schafherde des nächsten Bauern zu stillen. Glücklicherweise sind die Schäferhunde auch mit anderer Arbeit zufrieden und dazu bieten sich jedem Hundehalter vielfältige Möglichkeiten. Die meisten Hundesportvereine bieten Erziehungskurse für «frischgebackene» Hundebesitzer an. Dort lernen Hundeführer und Hund die Grundregeln des gegenseitigen Verstehens. Aufbauend auf diese Grundausbildung besteht die Möglichkeit mit dem Hund in verschiedensten Sportdisziplinen zu arbeiten, was beiden Seiten großen Spaß bereiten kann und den Aus-

Berger des Pyrénées in Aktion

gleich vom täglichen Allerlei schafft. Wenn im folgenden verschiedene Möglichkeiten zu sportlicher Beschäftigung mit dem Hund vorgestellt werden, kann dies nur in aller Kürze geschehen. Eine Anleitung oder gar «Gebrauchsanweisung» kann und soll hier nicht gegeben werden.

Agility ist Fun

Seit einigen Jahren wird in verschiedenen Vereinen die Möglichkeit geboten, Agility zu trainieren. Bei diesem spannenden, vielseitigen Sport besteht die Aufgabe darin, den Hund in möglichst kurzer Zeit und ohne Fehler über einen Parcours mit verschiedenen Hindernissen zu dirigieren. Wer schon Agility-Wettkämpfe besucht und dabei gesehen hat mit welchem Eifer die Hunde dabei sind, wie aufmerksam sie ihre Führer beobachten, auf die kleinsten Zeichen und Kommandos über Wippen, Hürden und zwischen Slalomstangen rasen, der versteht weshalb die «Agilitylianer» von einem Team und nicht vom Hundeführer «Meier» mit seinem Hund «Bello» sprechen. Hier gewinnt oder verliert das Team. Die Pyrénées eignen sich aufgrund ihrer Wendigkeit, Geschwindigkeit und Sprungkraft wohl besser für Agility als die drei größeren Rassen. Aber auch mit einem Beauceron, Briard oder Picard macht es viel Spaß, dieser Sportdisziplin zu frönen.

Schutzhunde

Zu den traditionellen Hundesportdisziplinen gehört der Schutzhundesport. Dies ist eine sportliche Variante, die sich aus der Diensthundeausbildung entwickelt hat. Von den französischen Schäferhunden eignet sich der Beauceron am besten für diese Arbeit, vereinzelt trifft man auch den Briard in dieser Disziplin an. Das Vorurteil, hier würden aus friedfertigen Hunden reißende Bestien, gehört wohl endlich der Vergangenheit an. Im Gegenteil, wichtigste Disziplin im Schutzhundesport ist die Unterordnung. Das konfliktlose und harmonische Zusammenspiel von Führer und Hund steht hier absolut im Vordergrund. In der internationalen und den meisten nationalen Prüfungsordnungen ist zudem festgehalten, daß aggressive Hunde von der Prüfung weggewiesen werden müssen. Eine weitere Aufgabe besteht im Ausarbeiten einer Fährte. Diese Arbeit befriedigt den natürlichen Suchtrieb des Hundes, der eine Fährte verfolgt und seine «Beute» auf diese Weise findet. Hier muß der Führer seinem Hund völlig vertrauen und ihn selbständig arbeiten lassen, will er mit seinem Hund die Arbeit bestehen. Bei der namensgebenden Disziplin, dem Schutzdienst, muß der Hund einen Schutzdiensthelfer stellen, ihn verbellen und einen Angriff des Helfers durch Zupacken vereiteln. Vor allem bei diesem Prüfungsteil verlangt das Reglement, daß der Hund stets unter uneingeschränkter Kontrolle des Hundeführers steht.

Fährtenhunde

Seit jeher setzte der Mensch den außerordentlich guten Geruchssinn des Hundes zu seinem Nutzen auf vielerlei Weise ein.
Im sportlichen Bereich wird diese Fähigkeit vor allem für die Fährtenarbeit genutzt. Diese Disziplin eignet sich für alle französischen Schäferhunde gleichermaßen und wird ihrem angeborenen Suchtrieb gerecht.

Rettungshunde

Als Rettungshunde werden Lawinensuchhunde, Sanitätshunde und Katastrophenhunde bezeichnet.

Lawinensuchhunde: Die Ausbildung zum Lawinensuchhund kann grundsätzlich mit jedem französischen Schäferhund gemacht werden,

Beauceron bei der Fährtenarbeit

wenn auch die beiden langhaarigen Rassen (Briard und Pyrénées) je nach Haartextur, Wetter- und Schneeverhältnissen behindert sein können. Äußere Voraussetzungen sind ein schneereiches und schneesicheres Trainingsgebiet. Die Aufgabe des Lawinensuchhundes besteht vereinfacht gesagt darin, in kürzester Zeit eine vorgegebene Fläche möglichst lückenlos nach verschütteten Personen und Gegenständen abzusuchen. Noch heute ist der Lawinensuchhund, dessen Ausbildung während des Zweiten Weltkrieges in der Schweiz entwickelt wurde, zuverlässiger als jedes technische Hilfsmittel, um Lawinenopfer zu retten.

Katastrophenhunde: Der Katastrophenhund wird für die Suche und Ortung von Menschen in Gebäudetrümmern ausgebildet. Diese neue Rettungsaufgabe, die in den 70er Jahren wiederum in der Schweiz entwickelt wurde, verlangt absolut wesensfeste Hunde, die fähig sind, mit ihrem Hundeführer zusammen eine äußerst schwierige Aufgabe zu bewältigen.

Sanitätshund: Der Sanitätshund ist eine Schweizer Spezialität des Hundesports und hat sich aus dem Kriegshundewesen entwickelt. Ursprünglich dafür trainiert, Verletzte auf den Schlachtfeldern zu finden, besteht heute die Aufgabe darin, «vermißte» Personen in einem vorgegebenen Suchbereich zu finden. Der Hund muß auf Anweisung des Führers die gesamte Fläche des Suchbereichs möglichst systematisch und lückenlos nach den vermißten Personen (Figurant) durchstöbern. Findet er eine Person, so hat er dies seinem Führer anzuzeigen und ihn zum Figuranten zu führen. Natürlich wird für den sportlichen Wettkampf auch die Unterordnung geprüft, wobei auch hier wie beim Schutzhundesport das möglichst harmonische Zusammenwirken zwischen Hund und Führer bewertet wird. Aus dieser Sportdisziplin wurde der Flächensuchhund weiterentwickelt. Diese Rettungshunde sind auf die ernstfallmäßige Suche von vermißten Personen ausgebildet, die oft durch unwegsames Gelände führt.

Sanitätshund beim Anzeigen des Figuranten

Berger des Pyrénées à face rase beim Schafhüten

Schäferhunde

Ursprünglicher Verwendungszweck der französischen Schäferhunde war das Hüten, Treiben und Bewachen der Schafherden. Noch heute werden vor allem Berger des Pyrénées und Beaucerons in Frankreich für die Arbeit an der Herde ausgebildet und nehmen regelmäßig an Hüteprüfungen teil. Jeder Hund muß einen schwierigen Parcours meistern und auf die Kommandos des Führers reagieren, oftmals auf Distanzen von über 100 Metern. Erstaunlich ist die Präzision, mit der die Hunde die Schafe in kleine Koppeln treiben und einzelne Schafe von der Herde trennen. Viele Teilnehmer an diesen Wettkämpfen sind Berufsschäfer, die hier voll Stolz ihre tägliche Arbeit in Perfektion demonstrieren. Noch vor einem Jahrzehnt standen die französischen Schäferhunde regelmäßig auf den Siegerpodesten, in den letzten Jahren wird ihnen dieser Rang zunehmend von Border Collies streitig gemacht. Um die Qualitäten des Schäferhundes weiterhin zu erhalten, bieten die französischen Rasseklubs ihren Züchtern den TAN (test aptitude naturelle) an, mit dem die natürlichen, das heißt angeborenen Hüteanlagen überprüft werden. Damit haben jene Züchter eine Hilfe zur Auswahl ihrer Zuchttiere, die diesen wichtigen Eigenschaften besonderes Augenmerk schenken möchten.

Wie Hund und Katz?

Anhang

Adressen / Publikationsorgane

Die Adressen und Publikationsorgane der FCI-Landesverbände im deutschen Sprachraum.

Österreichischer Kynologenverband (ÖKV)
Johann-Teufel-Gasse
A-1238 Wien
Tel.: 0222 - 88 70 92

Publikationsorgan:
«UH – Unsere Hunde »

Schweizerische Kynologische Gesellschaft (SKG)
Länggassstrasse 8
Postfach 8217
CH-3001 Bern
Tel.: 031 - 301 58 19

Publikationsorgan:
«Hunde – Haltung, Zucht, Sport»

Verband für das Deutsche Hundewesen e. V. (VDH)
Postfach 104154
D-44041 Dortmund
Tel.: 0231 - 565 00-0

Publikationsorgan:
«UR – Unser Rassehund»

Die Publikationsorgane informieren u. a. über das Vereinsgeschehen der Rassevereine.

Bei den FCI-Landesverbänden können die aktuellen Anschriften der Vorstände der jeweiligen Rassevereine bezogen werden.

Literaturverzeichnis

ADOUT, J., *L'Homme et les chiens dans l'Univers* (1945)

AMERICAN KENNEL CLUB, *The Complete Dog Book* (1947)

ARNOLD, Susi, «Vererbbare Erkrankungen», in: *Sterben Rassehunde aus?* (1996)

AUGE, Paul, *Larousse XXe Siècle* (1932)

AUGIS, Louis & SAUVIGNAC, René, *Le Berger de Beauce* (1963)

BECKMANN, Ludwig, *Geschichte und Beschreibung der Rassen des Hundes* (1894)

LUQUET, Maurice, *Le chien de Berger de Beauce* (1980)

BIXLER-CLARK, Alice, *Briards* (1994)

BOISTEL, Pierre, *Vous et Votre Beauceron* (1990)

BUFFON, Comte de (LECLERC Georges-Louis), *Histoire Naturelle, Générale et Particulière,* Band 17 (1785)

BURNS / FRASER, *Die Vererbung des Hundes* (1968)

BYLANDT, Henri de, *Hunderassen – Ihre Beschreibung, Points, Typus, Eigenschaften und Fehler* (1904)

– *Les Races des Chiens – Chiens de Berger et Bouvier* (1924)

CASTERAN, Martine, *Le Berger des Pyrénées* (1989)

CHANCRIN, Dumont, *Larousse agricole* (1922)

COLY, Jacques, *Les Chiens Pyrénéens – de Garde et de Conduite des Troupeaux en Haute Montagne* (1986)

DAUVERGNE, Catherine, *Le Berger de Beauce* (1991)

– *Le Berger de Brie ou Briard* (1992)

DAUVERGNE, Catherine / CASTERAN, Martine, *Le grand Livre des Chiens de Berger Français* (1992)

DECHAMBRE, Paul, *Le chien* (1921)

DUCONTE, Charles & SABOURAUD J. A., *Les chiens pyrénéens* (1967,1985)

DUTREY, Louis, *Le Berceau d'une Race Canine – Le Chien de Berger des Pyrénées* (These pour le Doctorat Vétérinaire, 1927)

FEDDERSEN-PETERSEN, Dorit, *Hundepsychologie, Wesen und Sozialverhalten* (1989)

FESTJENS, Jean-Louis, *Briards et Beaucerons* (1983)

FITZINGER, Dr. Leopold Josef, *Der Hund und seine Racen* (1876)

FLÜCKIGER, Mark, «Die Hüftgelenksdysplasie (HD)», in: *Sterben Rassehunde aus?* (1996)

GAYOT, Eugène, *Le chien – Histoire naturelle* (1867)

HAYMANN, Frank, *Le Berger de Brie* (1983)

HENNON, *Mémoire sur le Chien Domestique et le Cocq* (1904)

HERREROS, Joel, *Le Berger de Brie* (1994)

– *Le Berger Picard* (1997)

HEYDEN, Pierre van der, *Vous et Votre Briard* (1990)

HUBBARD, Clifford L.B., *Working Dogs of the World* (1947)

HUTCHINSON, Walter, *Dog Encyclopedia* (1935)

LAJARRIGE, L. de, *Vie à la Campagne* (1922)
LARIVE Jeannette & WEBER Bernard, *Le Berger de Brie dit Briard* (1987)
LEGATTE Pierre & VADAKARN Jean-Luc, *Le Beauceron* (1994)
LEIGHTON, Robert, *The new book of the dog* (1907)
LUQUET, Maurice, *Le chien de Berger de Beauce* (1980)
– *Le Berger de Brie ou Briard* (1988)
McLEROTH, Diane, *The Briard* (1982)
MASSON, F, *La chasse illustrée et la Vie rurale et sportive* (1906)
MEGNIN, Paul, *Nos Chiens* (1904)
– *Les chiens de France – Soldats de la Grande Guerre* (1919)
– *L'Acclimation* (1867)
– *Les races des chiens* (1889)
OBERTHUR, Jaques, *Le chien* (1949)
OCHSENBEIN, Urs, *Der neue Weg der Hundeausbildung* (1993)
– *ABC für Hundebesitzer und solche die es werden wollen* (1993)
PIOCHE, Marie-Odile, *Contribution a l'étude du chien de Berger des Pyrénées* (1989)
RASQUIN, Max, *Le chien de Berger*
REMY, Fernand, *Les chiens de Picardie* (1950)
REUL, A., *Les races des chiens* (1891)
REVOIL, Bénédict Henri, *Histoire, Physiologique et Anecdotique des Chiens* (1867)
SAUVIGNAC, René, *Le Berger de Beauce* (1987)
SCHLEGER, Walter & STUR, Irene, *Hundezüchtung in Theorie und Praxis* (1986)
SEDIR, Yvon le Loup, *Le Berger de Brie – Chien de France* (1926)
SEEGERS, L., *Hondenrassen* (1912)
SENAC-LAGRANGE, Bérnard, *Réunion des Amateurs des Chiens Pyrénéens, le Chien des Pyrénées et le Chien de Berger des Pyrénées* (1927)
SIRAUDIN A., *Le Chien de Berger de Beauce* (1927)
SODENKAMP, Henry, *The Kennel Enzyclopedia* (1908)
STEPHANITZ, Rittmeister von, *Der Deutsche Schäferhund in Wort und Bild* (1921)
STREBEL, Richard, *Die deutschen Hunde* (1904)
WEGNER, Wilhelm, «Folgen falscher Zuchtziele» in: *Sterben Rassehunde aus?* (1996)
WIESNER Ekkehard & WILLER Siegfried, *Lexikon der Genetik der Hundekrankheiten* (1983)
WILLIS, Malcolm B., *Züchtung des Hundes* (1984)
ZAMBELLI, Vito, *Il Pastore di Brie o Briard* (1992)

Zum Bildmaterial

Wo nicht anders bezeichnet, stammen die Fotos aus den Archiven der Autoren, oder sie wurden von den Autoren für dieses Buch aufgenommen.
An der Herstellung des Bildmaterials waren beteiligt: Monika Janes, Karin Steccanella und die Kinder Rahel und Fabian.
Die Autoren bedanken sich herzlich für die Mithilfe!